10代 持久力 瞬発力 筋力 をつける！

# スポーツ選手の食材事典

管理栄養士
川端理香 著

大泉書店

# Contents

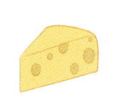

## Chapter.6 野菜・いも類


野菜・いも類の栄養解説 118
キャベツ 120
レタス 123
にんじん 125
かぼちゃ 128
さつまいも 129
たまねぎ 130
トマト 133
ほうれん草 136
しょうが 138
小松菜 139
ねぎ 140
にら 141
しそ 142
にんにく 143
じゃがいも 144
アスパラガス 146
ブロッコリー 147
パセリ 148
セロリ 149
だいこん 150
ピーマン 152
パプリカ 153
きゅうり 154
とうもろこし 155
長いも 156
かいわれだいこん 157
なす 158
おくら 159
きのこ 160
はくさい 161
Column 2 「選手のマストアイテム」 162

## Chapter.7 果物類


果物類の栄養解説 164
りんご 166
ブルーベリー 167
いちご 168
バナナ 169
みかん 170
オレンジ 171
アボカド 172
ぶどう 173
グレープフルーツ 174
パイナップル 175
キウイ 176

## Chapter.8 種実類


種実類の栄養解説 178
ごま 180
ナッツ 181
Column 3 「ナッツを食べよう」 182


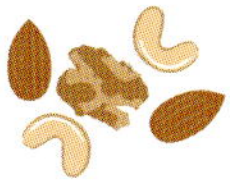

## Chapter.9 油脂・調味料類


油脂・調味料類の栄養解説 184
Column 4 「調味料の原材料や成分を比較」 186

## Chapter.10 強いスポーツ選手を育てるために


試合に向けた食事のとり方 188
試合時間に合わせて食事を！ 190
オフの食事のとり方 192
オフ・減量時の食事のとり方 194
合宿の食事のとり方 195
補食のとり方 196
外食＆コンビニの上手な使い方 197
症状別の食事のとり方 198
目的別レシピ インデックス 200

# この本の見方

この本は、食材ごとの栄養素や働き、レシピなどを紹介しています。
ここでは、レシピの見方や分量調節の方法、
献立づくりのポイントを紹介します。料理をつくる前に確認しておきましょう。

## 食材の説明について

### ① 100g あたりの栄養価

食材 100g あたりの栄養素のうち、エネルギー、たんぱく質、脂質、炭水化物の量を表示しています。

### ② 多く含まれる栄養素

食材に含まれるおもな栄養素をアイコンでわかりやすく表示しています。

### ③ ここがスゴイ!

食材をとることで、身体にどんな効果が期待できるのか、その内容を説明しています。

### ④ こんなときにおすすめ!

どんなタイミングで摂取すればよいのかを説明しています。調理の工夫などの豆知識も掲載しています。

### ⑤ 上手なとり方

組み合わせる食材や、栄養素を効率的に吸収するためのアイデアを掲載しています。

豚肉

運動量が増えると、身体が破壊された分のたんぱく質が必要になり、疲労回復のためのビタミン $B_1$ も意識してとりたいもの。そんなときに食べたいのが豚肉です。

③ ここがスゴイ!

1. ビタミン $B_1$ で疲労回復
疲労回復の栄養ドリンクやサプリメントにも含まれる、回復のための栄養素です。

2. ビタミン $B_1$ で夏バテ予防
暑さだけでなく、ビタミン $B_1$ 不足が食欲不振の原因にも。しっかり食べて予防しましょう。

3. たんぱく質とビタミンを同時に補給
運動量が多くなると必要になるたんぱく質とビタミンを同時にとれるメリットがあります。

① 100gあたりの栄養価

[ 豚もも・脂身つき・生 ]

| | |
|---|---|
| エネルギー | 183kcal |
| たんぱく質 | 20.5g |
| 脂質 | 10.2g |
| 炭水化物 | 0.2g |

② 多く含まれる栄養素

たんぱく質　ビタミン $B_1$

⑤ 上手なとり方

その① にんにく、しょうが、たまねぎ、ねぎ、にら……といった食材と合わせて食べれば、アリシン効果でビタミン $B_1$ の吸収がアップ！

しょうが　たまねぎ

その② 消化を促進したい選手や、体脂肪が気になる選手は脂質が少ない部位を選んで。バラよりヒレやももがベター。

豚もも肉

④ こんなときにおすすめ!

◎ 試合の前後に
◎ 疲労回復したいとき
◎ 夏バテを予防・改善したいとき

豆知識

豚肉は、炒めるときにたまねぎやにんにくを加えたり、タレにしょうがを使うのがおすすめ。ちょっとしたプラスをすることで、疲労回復や夏バテ予防効果になります。

44

# レシピについて

Chapter.3

肉類

豚とにんにくのビタミンが疲労を回復してくれる

331 kcal

## スパイシーポーク

筋肉づくり　夏バテ予防・回復　疲労回復　免疫力 UP

《材料》2人分

・豚ロース肉 200g ・にんにく 1片 ・白ワイン 小さじ2 ・カレー粉 少々 ・塩・こしょう 各少々 ・油 小さじ2 ・ケチャップ 適宜

《つくり方》

1 ボウルににんにくをおろし、白ワインとカレー粉を混ぜる。
2 豚肉に塩・こしょうをして、1に5分程度つける。
3 フライパンに油をひいて熱し、2を火が通るまで焼く。
4 お好みでケチャップをかける。

Point

オフシーズンのときなど、低脂肪を意識するときは豚もも肉を使用しましょう。栄養素はしっかり含まれているので安心です。

### 1 カロリー

それぞれのレシピには、1人分のエネルギー量が表示されています。

### 2 材料

15歳前後の男性選手2人分です。運動量によって量は増減してください。

### 3 Point

レシピで使った食材の栄養素をよりよく吸収するための調理のコツなどについて説明しています。

### 4 効果・効能アイコン

レシピを食べることで期待できる効果・効能のうち、おもなものにそれぞれのアイコンがついています。

**エネルギー補給**

おもに炭水化物（糖質）からとることができます。

**集中力 UP**

頭のエネルギーを補給させます。

**疲労回復**

身体を修復し、回復させます。

**筋肉づくり**

筋肉を構成する栄養素がとれます。

**骨強化**

骨を構成する栄養素がとれます。

**血液づくり**

血液を構成する栄養素がとれます。

**免疫力 UP**

免疫力をアップする栄養素がとれます。

**体脂肪ダウン**

低カロリーで食物繊維などがとれます。

**夏バテ予防回復**

夏バテを予防・回復する栄養素がとれます。

**その他**

消化促進、食欲増進など。

# 食材の目安量

- アスパラガス 1本＝25g
- 枝豆 15房＝300g
- かぼちゃ 1個＝1.6kg
- キャベツ 1個＝1.2kg
- きゅうり 1本＝100g
- ごぼう 1本＝200g
- 小松菜 1束＝300g
- じゃがいも 1個＝100g
- セロリ 1本＝100g
- だいこん(中) 1本＝1kg
- たまねぎ 1個＝200g
- トマト(小) 1個＝100g
- 長ねぎ 1本＝150g
- なす 1本＝100g
- にら 1束＝100g
- にんじん 1本＝200g
- パプリカ 1個＝100g
- ピーマン 1個＝50g
- ブロッコリー 1株＝300g
- ほうれん草 1把＝50g

# この本の決まりごと

- 計量カップは1カップが200ml、計量スプーンは大さじ1が15ml、小さじ1が5mlです。
- 本書で使用している電子レンジの加熱時間は、600Wを基本としています。500Wの場合は1.2倍、700Wの場合は約0.85倍、800Wの場合は0.75倍してください。なお、機種によっても異なるので、様子を見ながら加熱してください。
- 材料に出てくる「しょうゆ」は濃口しょうゆ、「砂糖」は上白糖、「塩」は精製塩、「味噌」は好みのもの、「小麦粉」は薄力粉を使っています。

# はじめに

スポーツ選手を栄養面からサポートしたいと思ったときから、約20年以上の歳月が経ちました。当時はスポーツ栄養という言葉自体が珍しく、それでもスポーツ栄養学を確立したいと、多くの環境で勉強させていただき、今に至ります。

チームや選手個人と契約するたびにいつも思うことは、

「勝つために何ができるか」。

机上の栄養学ではなく、そのチームや選手個々に必要なものを提案したいと、練習内容や目的を把握し、できる限りの情報を集めるようにしています。24時間、選手がその競技に集中して生活できるように、私自身も同じ意識で臨んできました。

本書は、その選手たちからの質問から生まれたものです。

毎日の練習の積み重ねのように、毎日の食事が選手自身の身体をつくります。うまくなりたい、強くなりたいと、高強度のトレーニングを行う選手にとって、何を食べるかは大きな効果をもたらします。自分の気分で食材やメニューを選ぶのではなく目的をもって練習するように、食事もそれに合わせてとることが大切なのです。

夢があるならばその想いを強く持ち、行動し、継続する。コツコツやり続けてもすぐに結果が出ないこともあるでしょう。それでもチャレンジし、やり続けることは、必ず強さになります。

本書が、皆さんの夢を実現するための参考になれば幸せです。

管理栄養士　川端理香

Chapter.1

# スポーツ選手のための栄養と食品の基礎知識

スポーツ選手にとって、必要な栄養素とは何なのか、
その基礎を学び毎日の食事づくりに役立てることが大切です。
栄養の摂取の方法や食材の組み合わせを知り、
効率よく自分に合った食材をとりましょう。

計算された食事で負けない身体をつくる!

# 強くなるには食事も大切

**強い選手になるための**
**3大要素**

練習、食事、休養の３つのトライアングルをバランスよく維持し続けることで、ベストパフォーマンスを発揮できます。

基礎体力を養い、技術を身につけるために繰り返し行います。集中力、分析力、冷静さなどのメンタル面も含まれます。

規則正しい睡眠が全身の疲労を取り、成長ホルモンを分泌させ、筋肉を再生させます。睡眠の長さや時間帯にも気を配りましょう。

体を動かすエネルギー補給、筋肉や血液など体をつくる材料補給、そして全身のコンディションを整え、維持する役割があります。

## 練習と同様に食事と休養も大切

選手が強くなるためには、練習は不可欠です。しかし、練習だけしていても食事や休養がおろそかになってしまっては、身体がつくられないどころか疲労で身体が動かず、効率が悪くなってしまいます。そしてケガの原因にもなりかねません。練習と同様に、それに合うような食事をし、しっかり身体を休めること。この毎日の「練習」「食事」「休養」のバランスが強くなるためには大切なのです。

練習量が多くなれば、それだけたくさん食べなければいけません。しかし食事に意識がなかったりすると、練習の疲労から食欲が落ちたときに思うように食べられなくなり、そのときに「食べて回復しよう」という意識が働かなくなります。そうなってしまっては悪循環。練習すればするほど身体はどんどん破壊され、それが修復できないために疲労が蓄積し、練習に行くのも億劫になってしまいます。

　また、中には身体を休めることを嫌い、とにかく練習を一生懸命行い、休むのを嫌う選手もいます。これも身体が修復できずに疲労から回復できない原因になります。

　もちろん食べてばかり、寝てばかり……では、体脂肪が増えて大変なことになってしまいます。ですからそういった偏りをなくして、「練習」「食事」「休養」を毎日しっかり取り入れることこそが、強くなるための要素なのです。

　さらに、この「練習」「食事」「休養」を意識すると、生活習慣も確立できます。練習時間に合わせて、食事時間や睡眠時間（休養）をあてはめてみると、起床時間なども定まってきます。

　子どもの生活習慣は成人になってからもなかなか変えることができないといわれます。しかしこの3要素を意識することで、健康で強くなることもできるのです。

## 休養と食事の関係も強い選手になるための要素

　優れたスポーツ選手になるためには、練習と食事のほかにも、休養＝睡眠がとても重要なカギとなります。私たちの身体は、寝ている間に成長ホルモンが分泌されます。その成長ホルモンが、練習後の傷ついた筋肉やじん帯を修復&疲労回復したり、筋肉の増加を促してくれます。寝ている間に身体が修復されるわけですから、スポーツ選手にとって睡眠は、練習と同じくらい重要に考えるべきものです。

　ただし、たくさん眠ればいいというわけではありません。10代の男女に試した実験結果（文部科学省「2012年度体力・運動能力調査」）によると、6〜8時間未満の睡眠の場合は体力に差はありませんでした。しかし、8時間以上の睡眠の場合、体力がやや劣るとの結果がでています。

　修復された筋肉は練習で再び破壊されますが、その後の食事と休養によりまた修復されるというサイクルをつくることが大切です。これを繰り返すことで、強くなるのです。

成長期に合わせたバランスよいメニューづくり

# スポーツ選手の献立のつくり方

## 選手のためのバランス献立 6項目をチェック

6 項目を毎食意識することで、バランスのよい献立ができあがります。

### 6 果物

脳や筋肉のエネルギーが補給できます。ビタミンなどコンディションに大切な栄養素もとれます。

**必要な栄養素**

**炭水化物（糖質）、ビタミン、ミネラル、水分**

**食品**

**果物、100% 果汁ジュース**

### 3 副菜

疲労を回復したり、体調を整えたりするために、ビタミンやミネラルが豊富な緑黄色野菜、海藻を食べます。毎食 1 ～ 2 品はそろえましょう。

**必要な栄養素**

**ビタミン、ミネラル、食物繊維**

**食品**

**いも類、野菜、海藻、きのこ類**

### 5 乳製品

成長期の子どもにとって、乳製品からとるカルシウムとたんぱく質は、身体をつくるために必須の栄養素です。毎日摂取しましょう。

**必要な栄養素**

**ミネラル、たんぱく質**

**食品**

**牛乳、ヨーグルト、チーズ**

### 1 主食

脳のエネルギー、筋肉のエネルギーになる炭水化物（糖分）。スタミナや集中力に関与します。

**必要な栄養素**

**炭水化物（糖質）**

**食品**

**ごはん、パン、麺など**

### 2 主菜

筋肉や骨など、強い体を作るたんぱく質を主菜で積極的にとりましょう。1 日で主菜の主要食品全部を摂取するのが理想的です。

**必要な栄養素**

**たんぱく質、鉄分、脂質**

**食品**

**肉、魚、卵、大豆製品**

### 4 汁物

水分、塩分の補給に必要。スポーツドリンクと同じ効果があるので、特に夏場は意識してとりましょう。

**必要な栄養素**

**ビタミン、ミネラル、食物繊維、水分**

**食品**

**水分、塩分**

### ＋ 間食（補食）

1 回の食事で 1 ～ 6 の要素がすべてそろわないときや、エネルギー量が足りないときは、間食（補食）で栄養素を補います（P196 参照）。

## 高校生（16～18歳）

筋トレがはじまったら、その前後にたんぱく質を意識してとるようにします。ホルモンの材料である脂質は一般的な日本人の食生活なら適量なのですが、体脂肪を落とす食事を続けていると不足する可能性があります。成長期の選手は、極端な減量はさけましょう。

1日の食事摂取基準量：
推定エネルギー必要量（kcal/日）

| | 男性 | 女性 |
|---|---|---|
| 16～17歳 | 3150 kcal | 2550 kcal |
| 18歳 | 3050 kcal | 2200 kcal |

（厚生労働省「日本人の食事摂取基準」2015年版参照）

## 中学生（13～15歳）

心肺機能が発達する時期なので、炭水化物（糖質）や鉄分を多くとり、持久力をつけるトレーニングをします。鉄分はとても吸収率が低いため、吸収を助けるビタミンCやたんぱく質とともにとることが大切です。また、吸収を妨げる緑茶やコーヒーはなるべく控えましょう。

1日の食事摂取基準量：
推定エネルギー必要量（kcal/日）

| | 男性 | 女性 |
|---|---|---|
| 13～14歳 | 2900 kcal | 2700 kcal |
| 15歳 | 3150 kcal | 2550 kcal |

（厚生労働省「日本人の食事摂取基準」2015年版参照）

## 小学生（7～12歳）

神経系統の発育には、カルシウム、たんぱく質、鉄分、マグネシウム、亜鉛などが必要です。カルシウムや鉄分は吸収されにくいため、多めにとることを常に意識することが大切です。毎晩寝る前にコップ1杯の牛乳を飲む習慣などをつけるといいでしょう。

1日の食事摂取基準量：
推定エネルギー必要量（kcal/日）

| | 男性 | 女性 |
|---|---|---|
| 7歳 | 1750 kcal | 1650 kcal |
| 8～9歳 | 2100 kcal | 1900 kcal |
| 10～11歳 | 2500 kcal | 2350 kcal |
| 12歳 | 2900 kcal | 2700 kcal |

（厚生労働省「日本人の食事摂取基準」2015年版参照）

※身体活動レベルIII（高い）の場合の推定カロリー数です。
スポーツ選手はIIIに分類されます。
必要カロリーは、個人の食べる量や運動量によって大きく変化します。

## 成長に応じて必要な栄養素は何かを意識する

体に必要な5大栄養素（P12参照）をとるためには6項目の献立のバランスが大切。しかも育ち盛りの10代の男女の場合は、年代ごとに必要な栄養が違います。

たとえば小学生は、脳や神経系が発達する時期で体もまだ未熟。なので激しいトレーニングをさけ、必要な栄養素をまんべんなくとる習慣づくりが大切です。

中学生では呼吸循環器系が発達するので、持久力がアップできる時期。

高校生は骨や筋肉が発達しているので、筋トレや激しい運動もOK。上記のカロリーは目安です。自分の練習内容や時間によって、食事量を増やすなど工夫しましょう。

身体づくりに必須な栄養素を知ろう

# スポーツ選手の身体をつくる栄養素

**身体への効果**

- 筋肉、血液、骨、内臓をつくる
- 髪、皮膚、爪をつくる
- 免疫力アップ

**摂取したいとき**

- 身体を強化したいとき
- 免疫力アップ
- 貧血予防・回復
- 肉離れ、骨折などのケガの回復

筋肉や骨をつくり、身体の材料になる

## たんぱく質（アミノ酸）

たんぱく質は身体をつくる重要な栄養素です。たんぱく質を構成するアミノ酸は約 20 種類存在します。そのうち必須アミノ酸は 9 種類あり、どれが欠けても筋肉や血液をつくることができません。毎日の食事では、肉、魚、卵、乳製品などに含まれる動物性たんぱく質と、大豆類などに多い植物性たんぱく質をバランスよくとることで必須アミノ酸を摂取できます。　1g = 4kcal

**食品**

ヨーグルト

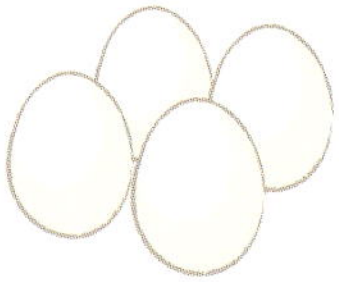

卵

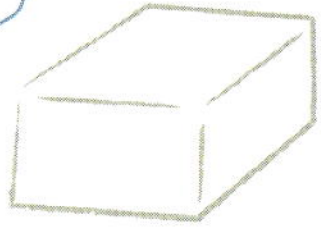

豆腐

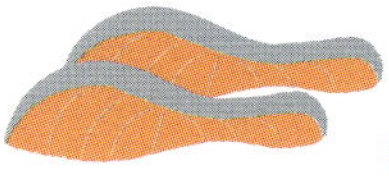

魚

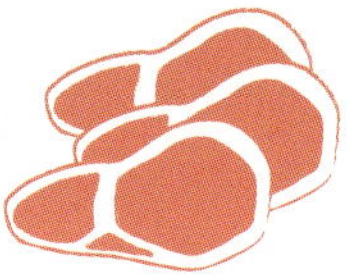

豚肉

## 5大栄養素の役割を知っておこう

栄養素の中で、私たちが健康な身体を保ち生きていくために欠かせないものがあります。それは「たんぱく質」「炭水化物（糖質）」「脂質」「ビタミン」「ミネラル」の5つで、これらを5大栄養素と呼びます。私たちの体は約60兆個の細胞からできているといわれ、その細胞が代謝を繰り返します。成長したり体を大きくしたり修復するためには、細胞の材料となる栄養素を食事から定期的に身体に送りこむ必要があります。

## たんぱく質、炭水化物（糖質）、脂質の役割とは

たんぱく質はいくつものアミノ酸が結合している栄養素。筋肉や骨、

生体膜やエネルギー源になる

## 脂質

脂質を構成する脂肪酸の種類によって、身体によい脂質と、とりすぎると害になるものがあります。魚などに含まれるDHAやEPAは不飽和脂肪酸といって選手はとりたい脂質。逆に肉の飽和脂肪酸やスナック菓子、マーガリン、市販のカレールウなどに含まれるトランス脂肪酸はさけたい脂質です。

**身体への効果**

- 身体の材料になる（細胞膜、神経細部、血液、ホルモン）
- エネルギー源になる（持久力）

**摂取したいとき**

- 運動量が多いとき

**食品**

- 油（植物油、オリーブ油、ごま油など）
- 魚脂
- 肉脂

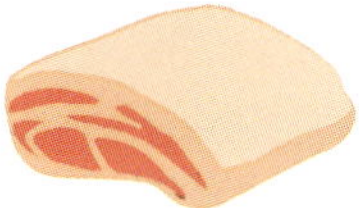

頭と身体の重要なエネルギー源

## 炭水化物（糖質）

食品に含まれる炭水化物は体内では肝臓や筋肉にグリコーゲンとして蓄えられます。このグリコーゲンがエネルギー。車でいうガソリンの働きがあるのです。

1g = 4kcal

**身体への効果**

- 頭と身体のエネルギー源になる（集中力、瞬発力、持久力）

**摂取したいとき**

- 持久力アップ
- 集中力アップ
- 疲労
- 運動前後

**食品**

ごはん

スパゲティ

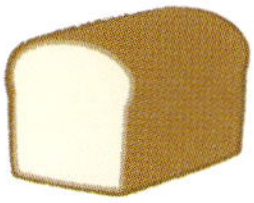

パン

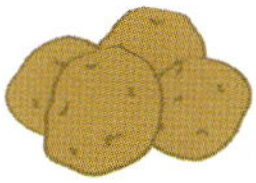

いも

とうもろこし

かぼちゃ

血液などの身体をつくる材料になります。運動しなくても、毎日古い細胞は新しいものにつくりかえられていますので、毎日とらなければいけない栄養素。選手の場合は練習や試合などによって代謝が高まるため、普通の人よりも意識したい栄養素です。

炭水化物（糖質）は、エネルギー源です。筋肉などのエネルギーになるだけでなく、頭のエネルギーにもなります。マラソンなどの持久系スポーツにとっては、試合前にこの炭水化物（糖質）を多くとり、身体にエネルギーをためて持久力をアップするグリコーゲンローディングという食事方法がすすめられています。

脂質もエネルギー源です。ただし意識してとらなくても、肉や魚、ナッツなどをとることによって食品からかんたんにとれます。

体のコンディションを保つ

# ビタミン

ビタミンは全部で 13 種類あり、水溶性と脂溶性のものに分かれます。ビタミンにはそれぞれ大切な働きがあるので、まんべんなくとる必要があります。とくに重要なのがビタミン B・C などの水溶性ビタミン。とりすぎると汗や尿とともに排出されてしまうので、毎日こまめにとるようにしましょう。

## ビタミン $B_2$

**身体への効果**

- 糖質、脂質をエネルギーに変える
- 成長促進

**食品**

- レバー、さば、卵、豚、牛ヒレ肉、さんま、牛乳、納豆

## ビタミン $B_6$

**身体への効果**

- 疲労回復
- たんぱく質、脂質の代謝促進

**食品**

- かつお、さんま、まぐろ、さけ、さば、かじき、レバー、鶏ささみ肉、バナナ、じゃがいも、玄米

## ビタミン $B_{12}$

**身体への効果**

- 赤血球をつくる
- 食欲増進
- 神経系統の働きの調整

**食品**

- 豚、牛、レバー、かき、さんま、あさり、しじみ

## ビタミン E

**身体への効果**

- 血行促進
- 抗酸化作用
- 酸素を供給し疲労を和らげる

**食品**

- うなぎ、アーモンド、かぼちゃ、たらこ

## ビタミン K

**身体への効果**

- 血液を固める
- 骨を強化する

**食品**

- 豆、キャベツ、にら、ブロッコリー、小松菜、おかひじき

## ビタミン $B_1$

**身体への効果**

- 糖質をエネルギーに変える
- 成長促進
- 神経系の働きの調整

**食品**

- 豚ヒレ、もも、ロース肉、うなぎ、きなこ、豆腐、玄米、ごま、枝豆、たらこ、ロースハム

## ビタミン A

**身体への効果**

- 目の健康
- 病気予防
- 抗酸化作用

**食品**

- 豚、鶏レバー、うなぎ、銀だら、にんじん、かぼちゃ

## ビタミン D

**身体への効果**

- 骨や歯をつくる
- カルシウムやリンの吸収促進
- 筋肉機能を高める

**食品**

- さけ、うなぎ、さんま

## ビタミン C

**身体への効果**

- 免疫力を高める
- 鉄分の吸収促進
- 抗酸化作用

**食品**

- キャベツ、ブロッコリー、オレンジ、キウイフルーツ、じゃがいも

## 身体の機能を調整する ミネラル

ミネラルは、全部で12種類ある天然成分で、身体の機能を正常に保つ働きをします。選手にとって特に重要なミネラルは、カルシウム、マグネシウム、鉄、ナトリウムなど。発汗により失われる栄養素でもあるので、日々意識してとるようにしましょう。

### カリウム

**身体への効果**

- 老廃物を処理する

**食品**

- 野菜、いも類、昆布、ひじき、果物

### 亜鉛

**身体への効果**

- 傷の治癒を早める
- 成長促進

**食品**

- 牡蠣、ほたて、豚レバー、たらこ、牛肉、鶏ささみ肉、もも肉

### マグネシウム

**身体への効果**

- 骨をつくる
- 心臓や血管の働きの強化
- 神経系の働きの調整

**食品**

- 大豆、豆乳、納豆、アーモンド、ごま、ひじき、ほうれん草、玄米、桜えび、いわし、海藻

### ナトリウム

**身体への効果**

- 熱射病の予防
- 神経系と筋肉を正しく機能させる

**食品**

- しょうゆ、味噌、梅干し

### 鉄分

**身体への効果**

- 酸素を供給する
- 成長促進
- 疲労回復
- 貧血予防
- 免疫力を高める

**食品**

- 豚、レバー、ひじき、大豆、あさり、かつお、ほうれん草

### カルシウム

**身体への効果**

- 老廃物を処理する

**食品**

- 野菜、昆布、ひじき、果物、牛乳

## ビタミンとミネラルは身体の機能を整える重要な成分

5大栄養素のうちのビタミンとミネラルは、たんぱく質、炭水化物(糖質)、脂質の吸収をスムーズにしてくれる働きがあり、免疫力アップや貧血防止にも欠かせません。

ビタミンは、脂溶性ビタミン(ビタミンA・ビタミンD・ビタミンE・ビタミンK)の4種類と、水溶性ビタミンとに分けられます。脂溶性ビタミンは、油と一緒にとることで吸収が高まります。ミネラルは、ナトリウムやカルシウム、鉄など発汗で失われやすい栄養素。ビタミンもミネラルも、運動することで消耗する栄養素ですが、吸収が悪いものも多く、組み合わせ次第で吸収をアップさせることができます。

水分のとり方も食事と同じくらい大事な要素

# 選手には的確な水分補給が大切

選手のためのバランス献立

## 水分補給のタイミング

水分補給もタイミングと飲むものの選択が大切。うまく身体に水分を取り入れ、練習や試合でベストパフォーマンスを発揮しよう！

練習後　練習中（120分）　練習前

4　3　2　1

**スポーツドリンクや100%ジュース、牛乳を!**

練習後、30分以内に水分とともにたんぱく質や炭水化物（糖質）を補給すると、体の回復がスムーズです。

**30分おきに水分を!**

こまめに水を飲みます。

**コップ1～2杯の水分を!**

練習前に体重を測り、250ml程度の水を飲みましょう。たとえのどが渇いていなくても、動く前の水分補給が大切です。

| スポーツドリンクの種類 | |
|---|---|
| 【ハイポトニック系】<br>水分吸収が早いので、練習中に飲むのが最適です。 | 【アイソトニック系】<br>練習前に飲むのが効果的な飲料です。 |

## ベストパフォーマンスには無理のない水分補給を

人間の体の60％は水でできています。そして、そのうちの2～3％の水分を失うと、パフォーマンスが低下してしまいます。スポーツ選手は夏場の練習や、普段でも激しい運動による発汗により水分不足になりがち。そんなときは、練習の前後はもちろん、練習中でもこまめな水分補給を行うことが大切です。のどが乾いたと思ってから水を飲んでもすぐには補給されないので、30分おきくらいを目安に飲みましょう。

また発汗量が多いときは、汗と一緒にミネラルが失われます。それを補うためにスポーツドリンクはおすすめです。運動中はハイポトニックを選びましょう。

Chapter.2

# 穀類

献立の主食でもある穀類は、
スポーツをするときのエネルギー源となる
炭水化物（糖質）を多く含んでいます。
身体や筋肉を動かすための大切な栄養素なので、
毎食きちんと食べることが大切です。

# 穀 類

## 特徴

1. 穀物の五穀とは、米・麦・あわ・きび（またはひえ）と豆のことをさす（豆についてはP114 ～ 116 参照）
2. 穀類の主成分は糖質が約 70%（エネルギー源）

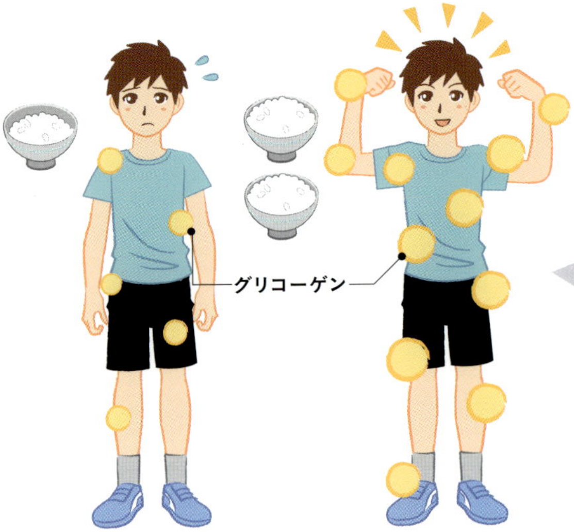


### 理 論

**穀類の主成分は炭水化物（糖質）**

食べた炭水化物（糖質）は、小腸で吸収されて、肝臓や筋肉にグリコーゲンとして蓄えられます。

**グリコーゲンは車にたとえるとガソリン**

車はガソリンがあると走るように、人間もグリコーゲンがあることで動くことができます。穀類はそのガソリンの宝庫なのです！

## 上手なとり方

穀類はごはん、パン、麺類などの主食のこと。食事として摂取すると、頭と筋肉などのエネルギーになります。ただ、主食だけを食べすぎてしまい、体脂肪が増えてしまっている選手も見かけます。上手に取り入れてエネルギーを補給しましょう。

### ① 体脂肪が気になっている選手の場合

食べすぎないことはもちろん、ごはんを白米ではなく玄米などを加えて噛み応えを出してみましょう。また雑炊などにして米量を減らし、全体量を増やして満腹感を出すこともおすすめです。

### ② 試合などでエネルギーが必要な場合

身体にグリコーゲンをためる食事をします。これは、「グリコーゲンローディング」といって、試合3日前～試合当日にかけて食事の炭水化物（糖質）を増やす食事方法。普段の 1.5 ～ 2 倍に穀類の量を増やして身体にエネルギーをため、持久力をアップさせます（P188 参照）。

## ● おもな穀類の栄養価（100g あたり）

※下記に掲載した栄養素で、数値がいちばん高いものを太字にしています。

| | | エネルギー (kcal) | たんぱく質 (g) | 脂質 (g) | 炭水化物 (g) | カルシウム (mg) | マグネシウム (mg) | 鉄 (mg) | ビタミン $B_1$ (mg) | 食物繊維 (g) |
|---|---|---|---|---|---|---|---|---|---|---|
| 米 | 精白米 | 356 | 6.1 | 0.9 | **77.1** | 5 | 23 | 0.8 | 0.08 | 0.5 |
| | 玄米 | 350 | 6.8 | 2.7 | 73.8 | 9 | **110** | **2.1** | **0.41** | 3.0 |
| パン | 食パン | 264 | 9.3 | 4.4 | 46.7 | 29 | 20 | 0.6 | 0.07 | 2.3 |
| | クロワッサン | **448** | 7.9 | **26.8** | 43.9 | 21 | 17 | 0.6 | 0.08 | 1.8 |
| | ライ麦パン | 264 | 8.4 | 2.2 | 52.7 | 16 | 40 | 1.4 | 0.16 | **5.6** |
| | ぶどうパン | 269 | 8.2 | 3.5 | 51.1 | **32** | 23 | 0.9 | 0.11 | 2.2 |
| | フランスパン | 279 | 9.4 | 1.3 | 57.5 | 16 | 22 | 0.9 | 0.08 | 2.7 |
| 麺 | 中華麺（生） | 281 | 8.6 | 1.2 | 55.7 | 21 | 13 | 0.5 | 0.02 | 2.1 |
| | うどん（生） | 270 | 6.1 | 0.6 | 56.8 | 18 | 13 | 0.3 | 0.09 | 1.2 |
| | そば（生） | 274 | 9.8 | 1.9 | 54.5 | 18 | 65 | 1.4 | 0.19 | 2.7 |
| | パスタ（乾） | 378 | **13.0** | 2.2 | 72.2 | 18 | 55 | 1.4 | 0.19 | 2.7 |

※文部科学省・科学技術・学術審議会資源調査分科会「日本食品標準成分表」より

### Point

→ 玄米は白米よりもたんぱく質や鉄などのミネラル、食物繊維を多く含むが、消化吸収率は低い。玄米を使うならば、発芽玄米のほうがおすすめ。

→ 白米に玄米を混ぜて炊くと、疲労回復に効果のあるビタミン $B_1$ が補給できる。

→ 麺類は 1 食で約 50g 程度の糖質がとれる。

→ 食物繊維は、ライ麦パンに多い。

# 米

エネルギー源として欠かせないご飯。精白米、玄米、発芽米などの種類があるので、体調に合わせて食べ分けるとよいでしょう。

## ここがスゴイ！

### 1. エネルギー源として大活躍

エネルギーのもととなる炭水化物（糖質）を豊富に含んでいます。

### 2. 低脂肪でグリコーゲン補給に

脂肪をほとんど含まないため、効率よくグリコーゲンの補給になります。

### 3. 玄米はビタミン $B_1$ が豊富

玄米はエネルギーを使うのに必要なビタミン $B_1$ をたくさん含んでいる優れた食材です。

**100gあたりの栄養価**

［めし・精白米］

| | |
|---|---|
| エネルギー | 168kcal |
| たんぱく質 | 2.5g |
| 脂質 | 0.3g |
| 炭水化物 | 37.1g |

**多く含まれる栄養素**

炭水化物

## 上手なとり方

その①

精白米は、ビタミン $B_1$ を多く含む豚肉と一緒にとりましょう。そうすることで、エネルギーが効率よく使われます。

豚肉

その②

雑穀米

精白米はビタミンが不足がちです。玄米や黒米などの雑穀米を混ぜて炊くと、疲労回復や発汗で失われるミネラル補給に。

**【こんなときにおすすめ！】**

- ◎ 試合前や長時間の練習時
- ◎ 集中力がほしいとき
- ◎ 疲労回復したいとき

**豆知識**

疲労や体脂肪が気になる選手は、玄米の量を多くして食べるようにしましょう。ただし、玄米は消化が悪いので、疲労が激しいときは玄米よりも消化のよい発芽玄米を。

エネルギーを補給しながら
ビタミンB1で疲労回復！
333
kcal

# キンパ（韓国風海苔巻）

エネルギー補給　試合前　集中力UP
夏バテ予防・回復　疲労回復

《材料》2人分

●**ごはん 150g** ●Ⓐ［塩 少々／白ごま 大さじ1／レモン汁 少々／ごま油 小さじ1］●にんにく1/2片 ●ほうれん草 50g ●ごま油 小さじ1/2 ●豚ひき肉 50g ●Ⓑ［みりん・しょうゆ 各小さじ1］●卵 1個 ●塩 少々 ●油 小さじ1 ●Ⓒ［ごま油 小さじ1/2／塩 少々］●のり 1枚 ●白ごま 大さじ1 ●白菜キムチ30g

《つくり方》

❶ごはんにⒶの材料をすべて加えて切るように混ぜる。
❷にんにくはみじん切りに、ほうれん草はゆでて5cm程度の長さに切る。
❸フライパンにごま油を入れて熱し、にんにくと豚ひき肉を炒めてⒷを加え、皿にとる。
❹ボウルに卵を割りほぐし塩を加えたら、フライパンに油を入れて熱し、炒り卵をつくる。
❺ほうれん草はⒸを加えてよく和える。
❻まきすにのりを置き、ごまをふったら白菜キムチ、❶❸❹❺をのせて巻く。

# てまり寿司

エネルギー補給　筋肉づくり　集中力UP
疲労回復　免疫力UP

《材料》2人分

●**ごはん 400g** ●酢 大さじ2 ●砂糖 小さじ2 ●しそ 6枚 ●まぐろ（刺身用切り身）60g ●いか（刺身用切り身）60g ●白身魚（はまちなど・刺身用切り身）120g ●さけ（刺身用切り身）120g

《つくり方》

❶ごはんに酢、砂糖を加えて、しゃもじで切るように混ぜる。
❷しそは縦半分に切る。
❸ラップに食べやすい量の刺身、しそ、ごはんの順にのせ、丸く握る。

Point
刺身などの生物は、新鮮なものを選んで、傷まないうちに使用しましょう。

酵素たっぷりの生魚を
どんどん食べよう！
544
kcal


◀◀ 次ページにつづく

精白米を雑穀米に
代えることで不足しがちな
ミネラルを補給
334
kcal

# 雑穀米チャーハン

エネルギー補給 集中力 UP
夏バテ予防・回復 疲労回復

《材料》2人分

●**雑穀米 1合** ●アスパラガス 20g ●油 小さじ1 ●豚ひき肉 30g ●しょうゆ 小さじ1 ●じゃこ 10g ●塩・こしょう 各少々

《つくり方》

1. 雑穀米を洗い炊飯器で炊く。
2. アスパラガスは斜め切りにする。
3. フライパンに油を熱し、豚肉を炒めたらしょうゆを加える。
4. ❸に炊いた雑穀米、アスパラガスを加えてさらに炒め、じゃこと塩・こしょうで味をととのえる。

Point

雑穀米を炊くときは、水の量を気持ち多めにしてください。

---

# 焼きそばおにぎり

エネルギー補給 試合前 集中力 UP
夏バテ予防・回復 疲労回復

《材料》2人分

●**ごはん 200g** ●油 小さじ1 ●中華麺 1/2玉 ●豚ひき肉 60g ●塩・こしょう 各少々 ●いりごま（黒）大さじ2

《つくり方》

1. 中華麺は食べやすい長さに切る。
2. フライパンに油を熱し、豚肉を炒め、色が変わったら、ごはんと中華麺を加えてさらに炒める。
3. 塩・こしょう、いりごまを加えて、味をととのえる。
4. 食べやすい大きさに握る。

Point

豚ひき肉は赤身の多いものを選べば、さらに試合前におすすめです。

長時間の練習にも2種類
の糖質がスタミナを発揮！
364
kcal

ひじきとあさりで血をつくり
スポーツ貧血に対抗！
618
kcal

## ひじきまぜごはん

エネルギー補給　血液づくり　集中力 UP　夏バテ予防・回復　疲労回復

《材料》2人分

● **精白米 1合** ● 乾燥ひじき 30g ● にんじん 20g ● しめじ 2/3パック ● あさりむき身 100g ● Ⓐ［水2 1/2カップ／和風だし 小さじ1／しょうゆ、砂糖、酒 各大さじ1／塩 少々］● 絹さや 6枚

《つくり方》

❶ 米をとぎ、水をよくきる。ひじきは水でもどす。にんじんは細切りにし、しめじは石づきを取って小房に分ける。
❷ 炊飯器に米を入れ、ひじき、にんじん、しめじ、あさりむき身、Ⓐを入れて炊く。
❸ 絹さやはさっとゆで、細切りにする。
❹ ❷が炊きあがったら器に盛り、絹さやを飾る。

## あずきごはん

エネルギー補給　筋肉づくり　集中力 UP

《材料》2人分

● **精白米 1合** ● あずき 0.5合 ● 塩 少々 ● ごま 小さじ1

《つくり方》

❶ あずきを洗ったら、あずきが水をかぶるぐらいの水でゆで、沸騰したら水をとりかえて10分煮る。
❷ 米を洗ったら炊飯器に入れ、1.2合まで水を加え、❶と塩を加えて通常と同様に炊く。
❸ 炊き上がったらよく混ぜ、ごまをふる。

**Point**

米とあずきは炊く前に水に漬けて、30分以上に水を含ませましょう。米はふっくらと炊きあがるし、あずきはゆでたときのひび割れを防いでくれます。

あずきを混ぜることで身体づくりの材料も同時にとれる
403
kcal


◀◀ 次ページにつづく

カルシウムが動きのキレを生み、
足のけいれんを予防！
677
kcal

# 黒ごま焼き鶏丼

エネルギー補給　筋肉づくり
集中力UP　免疫力UP

《材料》2人分

●**ごはん2杯（360g）**●鶏もも肉160g●レタス2枚（200g）●Ⓐ［砂糖 小さじ2／しょうゆ 大さじ4／みりん 大さじ2］●油 小さじ2●いりごま（黒）大さじ2●あさつき（小口切り）適量

《つくり方》

❶鶏肉、レタスは食べやすい大きさに切る。
❷鶏肉をⒶに浸し、下味をつける。
❸フライパンに油を熱し、❷を火が通るまで焼く。
❹器にごはんを盛り、レタスをのせる。
❺❹に❸をのせ、いりごまとあさつきを散らす。

---

# 玄米入り シーフードサラダ

エネルギー補給　筋肉づくり　集中力UP
疲労回復　免疫力UP

《材料》2人分

●**発芽玄米ごはん200g**●シーフードミックス（冷凍）100g●ミニトマト4個●Ⓐ［オリーブオイル、バルサミコ酢 各小さじ2／にんにく（みじん切り）適量／塩・こしょう 各少々］●ベビーリーフ80g

《つくり方》

❶シーフードミックスは湯でもどす。ミニトマトはヘタを取って半分に切る。
❷ボウルにⒶを入れて混ぜあわせてドレッシングをつくり、シーフードミックス、発芽玄米ごはんを加えて混ぜる。
❸器にベビーリーフを敷き、❷を盛る。
❹❸の上にミニトマトをのせる。

発芽玄米&シーフードで
栄養満点サラダの
できあがり！
174
kcal

# もち

時間がないときや食欲がないときでも、手っ取り早くエネルギー補給ができる食材です。合わせる味付けでより栄養価が増すのが特徴です。

**上手なとり方**

試合前のエネルギー補給や、補食に最適。エネルギー源のかたまりですが、きなこやあんこをトッピングすれば、身体づくりのたんぱく質も補給できます。

あんこもち

**ここがスゴイ！**

## 1. ごはんより炭水化物（糖質）が豊富

もちに含まれる炭水化物は、ごはんよりも豊富なのでより多くのエネルギー源に。

## 2. 腹持ちがよい

おもちは腹持ちがよい食材なので満腹感も得られます。試合の日の朝がおすすめです。

**100gあたりの栄養価**

［もち］

| | |
|---|---|
| エネルギー | 235kcal |
| たんぱく質 | 4.2g |
| 脂質 | 0.8g |
| 炭水化物 | 50.3g |

**多く含まれる栄養素**

炭水化物

## もち3種（あんこ、きなこ、くるみ）

エネルギー補給　集中力UP　疲労回復

《材料》2人分

・もち 30g×6個 ・Ⓑ［きなこ 大さじ4／三温糖 小さじ3］・Ⓒ［くるみ 60g／水 大さじ4／しょうゆ 少々／三温糖 小さじ1］・あんこ（市販のもの）60g

《つくり方》

❶ もちはゆでる。ボウルでⒷを混ぜる。
❷ Ⓒのくるみをすり鉢で滑らかになるまですり、水としょうゆ、三温糖を加える。
❸ もちをとり分け、あんこ、きなこ、くるみをそれぞれまぶす。

## もち入りけんちん汁

エネルギー補給　集中力UP

《材料》2人分

・もち 100g ・鶏もも肉 100g ・にんじん 40g ・だいこん 60g ・じゃがいも 60g ・長ねぎ 40g ・しょうが 1片 ・油 小さじ1 ・だし汁［水 3カップ弱／和風だしの素 小さじ1］・味噌大さじ 3/2 ・しょうゆ 小さじ1

《つくり方》

❶ すべての具材を食べやすい大きさに切る。しょうがはみじん切りにする。
❷ 鍋に油を熱し、しょうが、鶏肉を炒める。
❸ ❷にだし汁、長ねぎ以外の野菜を入れ、やわらかくなるまで煮る。
❹ ❸に味噌、しょうゆ、長ねぎを入れて、ひと煮立ちさせてからもちを入れ、やわらかくなるまで煮る。

# パン

手軽に炭水化物をとることができるので、スポーツ選手の主食や補食などとしても最適な食材です。

## ここがスゴイ!

### 1. 手軽にエネルギー補給できる

試合前のエネルギー補給や、手軽にエネルギーがほしいときの間食などに最適です。

### 2. 吸収が早い

パンはGI値が高いので、素早くエネルギー源になります。手軽にエネルギー補給したいときに。

### 3. 種類を選べば疲労回復にも

ライ麦パンなどには、疲労回復に効果があるビタミン$B_1$が豊富に含まれています。

**100gあたりの栄養価**

[ 食パン ]

| | |
|---|---|
| エネルギー | 264kcal |
| たんぱく質 | 9.3g |
| 脂質 | 4.4g |
| 炭水化物 | 46.7g |

**多く含まれる栄養素**

炭水化物

## 上手なとり方

その①

パンだけの食事ではたんぱく質が不足しがちです。不足を補うために、ハムやチーズなどを一緒にとったり、乳製品をプラスして食べるとバランスよく食べられます。

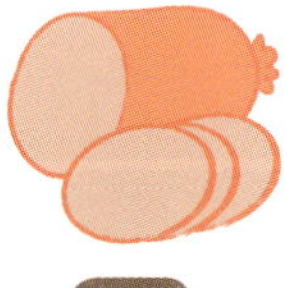

ハム

その②

菓子パン

パンによっては、脂質を多く含みます。市販の菓子パンもバターを多く使っていることがあり、要注意です。食べる前に表示された成分をよく見て選ぶ習慣をつけましょう。

**こんなときにおすすめ!**

◎ 試合前や長時間の練習時

◎ 運動時の補食に

◎ 集中力がほしいとき

**豆知識**

パンも種類によって栄養価が大きく違います。試合前にとるパンは、バターなどをたっぷり使った脂質の高いクロワッサンやデニッシュはNGです。

卵・牛乳・きなこで
身体づくりの効果がUP！
336
kcal

# フレンチトースト

エネルギー補給　筋肉づくり　集中力UP　疲労回復

《材料》2人分

•**パン（イングリッシュマフィン）2個**•卵 2個•牛乳 1/2カップ•バター 小さじ2•Ⓐ［きなこ 大さじ4／白ごま 小さじ2／三温糖 小さじ2］

《つくり方》

❶ボウルに卵を割って溶きほぐし、牛乳を加えてよく混ぜたらパンを5分ほど浸す。
❷フライパンにバターを熱し、❶を焼く。
❸焼いている間に、Ⓐを混ぜておく。
❹器に❷を盛りつけ、❸をかける。

Point

パンは、卵と牛乳にしっかり浸しましょう。中途半端だと、味わいに影響します。しっかりと浸みているほうがおいしいです。

---

# パンケーキ

エネルギー補給　筋肉づくり　集中力UP

《材料》2人分

•**小麦粉 80g**•卵 2個•豆乳 160ml•ベーキングパウダー 小さじ1/2•バター 大さじ1•はちみつ 大さじ2•フルーツ 各種

《つくり方》

❶ボウルに卵を割って溶きほぐし、豆乳を加える。
❷❶に小麦粉とベーキングパウダーをふり入れ、切るように軽く混ぜる。
❸フライパンにバターを熱し、❷を焼く。
❹器に❸を盛りつけ、はちみつをかけたら、フルーツを飾る。

Point

試合時間が長いときや試合が連続するときなど、さらなるエネルギー補給を狙うときは、はちみつやフルーツを増やしてみましょう。

試合直前などの効率的な
エネルギー補給におすすめ
397
kcal


◀◀ 次ページにつづく

不足しがちな野菜も
サンドイッチでお手軽に！
344
kcal

# ベーグルサンド

エネルギー補給　集中力 UP　骨強化

《材料》2人分

・**ベーグル 2個** ・サニーレタス 4枚 ・トマト 40g ・クリームチーズ 60g ・スモークサーモン 60g ・スプラウト 20g

《つくり方》

1. ベーグルに切り込みを入れる。
2. サニーレタス、トマト、クリームチーズ、スモークサーモン、スプラウトの順にベーグルにはさむ。

**Point**

身体を強化したいときや、スタミナをつけたい期間は、サーモンやクリームチーズの量を2～3倍に増やすのがおすすめです。

---

# フルーツサンド

エネルギー補給　集中力 UP

《材料》2人分

・**レーズン入りバゲット 20cm（100g）** ・いちごジャム（砂糖不使用）大さじ4 ・いちご4個

《つくり方》

1. バゲットは4等分に切り、いちごジャムを塗る。
2. 薄切りにしたいちごをバゲットにはさむ。

**Point**

ジャムは種類によって、砂糖がたっぷり使われているものもあります。選ぶ際には、砂糖が入っていないものを選ぶのがベストです。

フルーツジャムは果物を
食べる感覚で糖質がとれる！
220
kcal

脂質の多いマヨネーズをさけ
ソースやマスタードを活用
393
kcal

# ソーセージ ロールサンド

エネルギー補給　集中力 UP　筋肉づくり

《材料》2人分

● **ホットドッグ用パン 2本** ●フランクフルトソーセージ 2本 ●キャベツ100g ●中濃ソース 大さじ4 ●マスタード 適量 ●パセリ 適宜

《つくり方》

❶ソーセージは斜めに切り目を入れ、キャベツはせん切りにする。
❷フライパンでソーセージを転がしながら、軽く焦げ目がつくまで焼く。
❸パンは縦に切り目を入れ、キャベツとソーセージをはさむ。
❹ソーセージに中濃ソースとマスタードをかけ、お好みでパセリを飾る。

---

# マリネドッグ

エネルギー補給　筋肉づくり　集中力 UP　夏バテ予防・回復　疲労回復

《材料》2人分

● **ホットドッグ用パン 2本** ●豚ロース薄切り肉 120g ●サニーレタス 2枚 ●パプリカ（赤）50g ●オリーブオイル 小さじ2 ●酢 大さじ1/3

《つくり方》

❶豚肉はさっとゆで、食べやすい大きさに切る。
❷サニーレタスは手で食べやすい大きさにちぎる。パプリカは細切りにする。
❸ボウルに❶とパプリカを入れ、オリーブオイル、酢を加えて和える。
❹パンに切り目を入れ、サニーレタスと❸をはさむ。

マリネにすることで
糖質のエネルギー効率を高める
413
kcal

# そば

低カロリーでヘルシーなそばには、ビタミン$B_1$や$B_2$、良質なたんぱく質など、運動時だけでなく成長にも欠かせない栄養が豊富に含まれています。

## ここがスゴイ！

### 1. ビタミンの効果で疲労回復

疲労回復に役立つビタミン$B_1$と、成長と発育にかかわるビタミン$B_2$が含まれています。

### 2. 毛細血管を強化

そばには、ルチンという成分が含まれていて、毛細血管を強化してくれます。

### 3. たんぱく質を含む食材！

そばには10％程度のたんぱく質が含まれていて、身体づくりの食材もとれます。

**100gあたりの栄養価**

［そば・生］

| | |
|---|---|
| エネルギー | 274kcal |
| たんぱく質 | 9.8g |
| 脂質 | 1.9g |
| 炭水化物 | 54.5g |

**多く含まれる栄養素**

炭水化物　ビタミン$B_1$　たんぱく質

## 上手なとり方

その①

そばを食べるときは、そば粉が100％の十割そば、または80％の八割そばを選んで食べるようにしましょう。

十割そば

その②

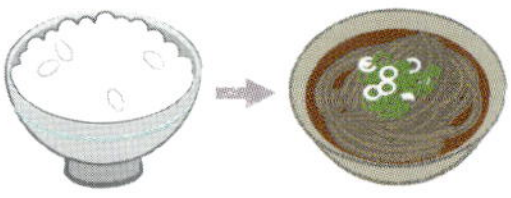

白米　そば

いつも白米ばかり食べている人は、ときどきそばをとることで、ビタミンB群を補給することができます。

## こんなときにおすすめ！

◎ 試合前や長時間の練習時

◎ 持久系の練習時

◎ 疲労回復したいとき

**豆知識**

そばに含まれるルチンは水に溶けやすいので、そば湯は、飲むようにしましょう。

体をしぼりながら、
筋力を増強したい人の
最適メニュー
602
kcal

## 鶏そば

エネルギー補給　筋肉づくり　集中力 UP　夏バテ予防・回復　疲労回復

《材料》2人分

●**そば 2玉（280g）** ●鶏むね肉100g ●ごぼう 60g ●にんじん 40g ●絹さや 6枚 ●しょうゆ、みりん 各小さじ2 ●水 2カップ ●めんつゆ、油 各適量

《つくり方》

❶ 鶏肉は一口大に切る。ごぼうとにんじんはささがきにして水にさらす。絹さやはさっとゆで、細切りにする。
❷ そばは表示時間通りにゆでる。
❸ 鍋に油を熱し、鶏肉、ごぼう、にんじんを炒め、しょうゆとみりんを加える。
❹ ❸に水とめんつゆを入れ、沸騰したら❷を加える。
❺ 器に❹を盛り、絹さやをのせる。

## そばのり巻き

エネルギー補給　集中力 UP　夏バテ予防・回復　疲労回復

《材料》2人分

●**そば（乾）60g** ●のり 2枚 ●きゅうり 1/2本 ●かにかま 4本 ●たくあん 60g ●めんつゆ 適宜 ●わさび 適宜

《つくり方》

❶ そばの両端を輪ゴムで留めて、時間より少し短めにゆで、水にさらしたあとよく水気を切る。
❷ のりと、❶、きゅうり、かにかま、たくあんの順にのせてまきすで巻く。
❸ 食べやすい大きさに切り、めんつゆをつけて食べる。

Point

そばはゆですぎると味が落ちます。また、でき上がりもシャキッとしないので注意。

毛細血管を強化する
ルチンが 1 食で
100mg もとれる！
165
kcal

# うどん

うどんは、エネルギー源として取り入れやすい食材です。
消化もいいので、胃腸が弱っているときなどにもおすすめです。

### 上手なとり方

うどんは試合前のエネルギー補給に最適で、トッピングによって、さらに効果を得やすい食材です。ビタミン$B_1$を含む豚肉などと一緒に食べれば、夏バテ時のエネルギー補給にもおすすめです。

豚肉

### ここがスゴイ!

**1. 腹持ちのよい食材**

うどんは炭水化物（糖質）を多く含んでいるので、エネルギー源として活躍します。

**2. 食べやすいのが特徴**

うどんはのどごしがよいので、高強度や暑熱下の運動後でも、食べやすい食材です。

**100gあたりの栄養価**

［うどん・生］

| | |
|---|---|
| エネルギー | 270kcal |
| たんぱく質 | 6.1g |
| 脂質 | 0.6g |
| 炭水化物 | 56.8g |

**多く含まれる栄養素**

炭水化物

## きなこうどん

エネルギー補給　集中力UP　疲労回復

《材料》2人分

- **うどん 1玉（140g）** ・きなこ 50g ・砂糖 大さじ4 ・塩 少々

《つくり方》

1. うどんは表示時間通りにゆでる。
2. きなこ、砂糖、塩を1にまぶす。

きなこの底力でうどんが
和風スイーツに変わる！
209
kcal


**Point**

うどんの太さを変えると、また違った食感が楽しめます。細めのさぬきうどんや、平たいうどんなど、バリエーションをつけてメニューを考えてみましょう。

試合が近づいてきたら


そばよりうどんが鉄則！
604
kcal

# 肉団子入り煮込みうどん

エネルギー補給　筋肉づくり　集中力 UP
夏バテ予防・回復　疲労回復

《材料》2人分

●**うどん 2玉（280g）** ●たまねぎ 40g（肉団子用）●にんじん 20g ●しいたけ 2枚 ●ほうれん草 40g ●はくさい 100g ●豚ひき肉 100g ●Ⓐ［塩 少々／しょうゆ、片栗粉 各適量］●たまねぎ 40g（具材用）●だし汁［水 4カップ／和風だし 小さじ2］●Ⓑ［しょうゆ 適量／塩 少々］●卵 2個

《つくり方》

❶肉団子用のたまねぎはすりおろす。具材用のたまねぎは薄切りに、にんじんとしいたけは細切りにする。ほうれん草、はくさいは食べやすい大きさに切る。
❷ボウルに、豚肉とおろしたまねぎ、Ⓐを入れてよく混ぜ、肉団子をつくる。
❸鍋にだし汁を入れ、たまねぎ、にんじん、はくさい、しいたけ、肉団子を加えて火にかけ、煮立ったらⒷを入れ、うどんを加えて煮込む。
❹❸にほうれん草を加え、卵を割り入れる。

---

# 温泉卵のせ カレーうどん

エネルギー補給　筋肉づくり
集中力 UP　疲労回復

《材料》2人分

●**うどん 2玉（280g）** ●豚ロース薄切り肉 100g ●にんじん 1/2本（100g）●たまねぎ 1/2個（100g）●油 適量 ●水 1.5カップ ●カレールウ 1人分 ●だし汁［水 2カップ／和風だし 小さじ1］●温泉卵 2個

疲労が激しい
トレーニング後は
食欲をそそるうどんを
760
kcal

《つくり方》

❶豚肉は一口大に切る。にんじんは小さめの乱切り、たまねぎは細切りにする。
❷鍋に油を熱し、豚肉を炒め、肉の色が変わったらにんじんとたまねぎ、水を加えて煮込み、カレールウで味をととのえる。
❸うどんは表示時間通りにゆでる。
❹器に❸を盛り、温めただし汁と❷をかける。
❺❹に温泉卵をのせる。

# パスタ

SPAGHETTI

手っ取り早くエネルギーを補給したいときにおすすめです。
合わせるソースで、栄養価が変わるので注意しましょう。

### 上手なとり方

パスタはソースで効果が変わります。試合前のパスタは、油を控えたもので。ナポリタンや豚ひき肉を使ったミートソースは、効率よくエネルギーになります。

スパゲッティミートソース

### ここがスゴイ！

**1. 持久力と集中力がUP！**

炭水化物（糖質）を多く含むので、エネルギー源がとれ、持久力・集中力に影響します。

**2. ソース次第で効果も自由自在**

パスタはアレンジしやすいので、合わせるソース次第で、プラスの効果を得られます。

**100gあたりの栄養価**

［スパゲッティ・乾］

| | |
|---|---|
| エネルギー | 378kcal |
| たんぱく質 | 13.0g |
| 脂質 | 2.2g |
| 炭水化物 | 72.2g |

**多く含まれる栄養素**

炭水化物

## 和風パスタ

エネルギー補給　筋肉づくり　集中力UP　骨強化

《材料》2人分

- **スパゲッティ 160g** ・しそ 4枚 ・おくら 4本 ・しらす 40g ・Ⓐ［かつおぶし 2g／梅昆布茶 小さじ1／納豆 40g］・温泉卵 2個

《つくり方》

1. スパゲッティを表示時間通りにゆでる。
2. しそはせん切り、おくらは輪切りにする。
3. ボウルにしらすと2とⒶを入れてよく混ぜる。
4. 器に1を盛り、3と温泉卵をのせる。

**Point**

発汗量が多いときはしらすや昆布茶の量を増やしてもよいでしょう。ただし通常の場合は、塩分のとりすぎに注意です。

発汗で失われがちな水分もしっかりと補給できる！
486 kcal

シーフード&にんにくで
疲労回復力を高める
511
kcal

# シーフード
# トマトパスタ

エネルギー補給　筋肉づくり　集中力 UP
夏バテ予防・回復　疲労回復

《材料》2人分

●**スパゲッティ 160g** ●トマト 200g ●油 小さじ2 ●シーフードミックス（冷凍）100g ●にんにく・しょうが 各2片 ●塩・こしょう 各少々 ●水 2カップ ●キムチ 100g ●パセリ 20g

《つくり方》

❶ スパゲッティを表示時間通りにゆでる。
❷ トマトは粗みじん切りにする。
❸ 鍋に油をひき熱したら、シーフードミックス、トマト、にんにく、しょうがを入れて炒め、塩・こしょうをふる。
❹ ❸に水を加えて煮込み、キムチを加える。
❺ 器に❶を盛りつけ、❹をかけたら、パセリをのせる。

# ほうれん草
# 豆乳チーズパスタ

エネルギー補給　筋肉づくり　血液づくり
集中力 UP　骨強化

試合後できる限り早く
糖質・鉄分を身体に
再チャージ！
558
kcal

《材料》2人分

●**スパゲッティ 160g** ●ほうれん草 200g ●鶏むね肉 160g ●油 小さじ1 ●Ⓐ［調整豆乳 1カップ／顆粒コンソメスープの素 小さじ1／塩・こしょう 各少々］●パルメザンチーズ 大さじ1

《つくり方》

❶ ほうれん草は3cm長さに、鶏肉は一口大の大きさに切る。スパゲッティを表示時間通りにゆでる。
❷ フライパンに油を熱し、鶏肉を入れ、表面の色が変わる程度にさっと炒める。
❸ ❷にⒶ、ほうれん草を加え、ひと煮立ちさせたら、スパゲッティを加えてよく混ぜあわせる。
❹ 器に盛り、パルメザンチーズをふる。

# ビーフン

ビーフンは米やパンにくらべて、ゆっくりとエネルギーに変わるので、腹持ちがよく、太りにくいエネルギー源です。体脂肪を気にする選手におすすめです。

## ここがスゴイ！

### 1. 米と同じく炭水化物（糖質）が豊富

ビーフンは米を原料としてつくる麺なので、炭水化物（糖質）を豊富に含みます。

### 2. 体脂肪がつきにくい

ビーフンはお米よりもゆっくりエネルギーになります。

### 100gあたりの栄養価

［ビーフン・乾］

| | |
|---|---|
| エネルギー | 377kcal |
| たんぱく質 | 7.0g |
| 脂質 | 1.6g |
| 炭水化物 | 79.9g |

### 多く含まれる栄養素

炭水化物

## 上手なとり方

その①

ビーフンは太りにくいエネルギー源です。野菜と組み合わせることで、栄養のバランスがよくなります。

にんじん

その②

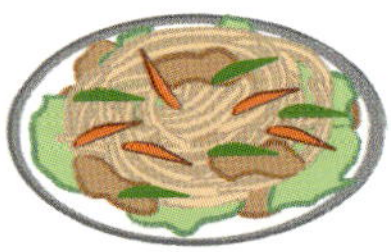

ビーフン炒め

ビーフンはベトナム、タイ、インドネシアなどでよく食べられているので、エスニックな味付けや野菜類と合わせればよりおいしく食べられます。

## こんなときにおすすめ！

◎ エネルギーがほしいとき

◎ 体脂肪が気になるとき

### 豆知識

ビーフンは米よりもGI値が低いので、体脂肪を気にする選手の主食にぴったりです。スポーツ選手のレシピに上手に取り入れましょう。

糖質の吸収をビタミン$B_1$
クエン酸で高める!
497
kcal

# 豚キムチビーフン

エネルギー補給　筋肉づくり　集中力 UP
夏バテ予防・回復　疲労回復

《材料》2人分

●**ビーフン 140g** ●豚もも肉 160g ●長ねぎ 100g ●白菜キムチ 120g ●油 小さじ1 ●顆粒中華だしの素 小さじ1 ●塩・こしょう 各少々

《つくり方》

❶豚肉は一口大に、長ねぎは斜め切りにする。キムチは食べやすい大きさに切る。
❷ビーフンは表示時間通りにゆでる。
❸フライパンに油を熱し、豚肉を色が変わるまで炒める。
❹❸に❷、長ねぎ、キムチ、中華だしの素を加えて炒め、塩・こしょうで味をととのえる。

# カレースープビーフン

エネルギー補給　集中力 UP
夏バテ予防・回復　疲労回復

《材料》2人分

●**ビーフン 140g** ●たまねぎ 60g ●にんにく 2片 ●油 小さじ2 ●豚ひき肉 60g ●水 3カップ ●カレールウ 2片

《つくり方》

❶たまねぎとにんにくをみじん切りにする。
❷鍋に油をひいて熱し、❶と豚肉を炒める。火が通ったら、水を加えて煮込み、カレールウを加えてスープをつくる。
❸ビーフンを表示時間通りにゆでる。
❹器に❸を盛り、❷をかける。

にんにくとカレーで
食欲も増進!
490
kcal

# 中華麺

手軽にエネルギー源がとれる食材です。油を控えめにし、
野菜などを多めに合わせてとれば、スポーツ選手向きのメニューになります。

## ここがスゴイ！

### 1. 優れたエネルギー源！

中華麺には、エネルギーの源となる炭水化物（糖質）が豊富に含まれています。

### 2. トッピングでバランスがとりやすい

野菜が必要ならタンメン、たんぱく質なら天津麺などトッピングで必要な栄養素がとりやすい。

### 3. コラーゲン補給に

豚骨など、ラーメンのスープにはコラーゲンがたっぷり。ただし脂質のとりすぎには注意。

**100gあたりの栄養価**

［ 中華麺・生 ］

| | |
|---|---|
| エネルギー | 281kcal |
| たんぱく質 | 8.6g |
| 脂質 | 1.2g |
| 炭水化物 | 55.7g |

**多く含まれる栄養素**

炭水化物

## 上手なとり方

その①

カロリーが高いイメージのラーメンも、スープ次第でカロリーがコントロールできます。自宅でつくるときは、うす味にするなど脂質を控えめにしてカロリーを抑えましょう。

うす味に

ラーメン

その②

ラーメンは、必ず具をトッピングして、栄養素が偏らないようにしましょう。

【こんなときにおすすめ！】

◎ 長時間の練習時

◎ 夏に塩分補給したいとき

**豆知識**

ラーメンを食べることが罪悪感だという選手がいますが、中華麺も冷やし中華にしたりすることで疲労回復や適切なエネルギー源になります。冷やし中華の場合、トマトやきゅうりを多めにトッピングすれば、栄養バランスもよくなります。

たんぱく質をとりながら
練習疲れから身体をリフレッシュ
314
kcal

# ちゃんぽん

エネルギー補給　集中力 UP　夏バテ予防・回復　疲労回復

《材料》2人分

● **中華麺 2玉（260g）** ● 豚もも肉 120g ● キャベツ 40g ● にら 40g ● かまぼこ 80g ● 油 小さじ2 ● Ⓐ［水 4カップ／顆粒鶏ガラスープの素 小さじ4／牛乳 1カップ／塩・こしょう 各少々］

《つくり方》

❶ 豚肉、キャベツ、にらは食べやすい大きさに切る。かまぼこはいちょう切りにする。
❷ フライパンに油を熱し、❶を炒め、塩で味付けする。
❸ 中華麺は表示時間通りにゆでる。
❹ 鍋にⒶを入れて火にかけ、スープをつくり、❷を加える。
❺ 器に❸を盛り、❹をかける。

# 焼き豚冷やし中華

エネルギー補給　筋肉づくり　集中力 UP　夏バテ予防・回復　疲労回復

《材料》2人分

● **中華麺 2玉（260g）** ● 焼き豚 120g ● 白菜キムチ 60g ● きゅうり 50g ● みょうが 2個 ● 冷し中華のタレ（市販品）2人分 ● いりごま（白）大さじ2

《つくり方》

❶ 中華麺は表示時間通りにゆで、冷蔵庫で10分ほど冷やす。
❷ 焼き豚は短冊切りにし、白菜キムチは小さめに刻む。きゅうりは3cm長さの細切りに、みょうがは斜め細切りにする。
❸ 器に❶を盛り、❷をのせ、冷し中華のタレをかけていりごまをふる。

焼き豚のビタミン $B_1$ に
キムチを添えて、吸収力UP！
569
kcal

Column 1

### 主食をしっかりとって最高のパフォーマンスを!

# 炭水化物をもっと知る

## 選手にとって重要なエネルギー源 主食は上手に取り入れよう

炭水化物と糖質。違う栄養素なのか、同じ栄養素なのか、よくわからずに使用している人も多いのではないでしょうか。厳密にいうと、炭水化物と糖質は違います。炭水化物とは、糖質と食物繊維を合わせたものをいうのです。

さてこの炭水化物（糖質）ですが、ごはん（米）や麺類などの穀類やフルーツなどに多く含まれる栄養素で、身体のエネルギーになります。

エネルギーなので持久力や集中力などに影響しますが、試合前は別として、ごはん（米）だけをたくさん食べたり、麺類ばかりの食事は考えもの。

「1日ごはんをどんぶり茶碗15杯」などと目標をあげて食事をするチームもあるようですが、本当にそれだけ米から炭水化物（糖質）を摂取するべきなのか考えることが重要です。

とりすぎた炭水化物（糖質）は体脂肪となって身体に蓄えられます。専門家に相談の上、目標を掲げるようにしましょう。

また、暑い時期になると、食べやすさから麺類をよく食べる選手をみかけます。もちろんエネルギー補給には最適ですが、食事が麺類＝炭水化物だけにならない工夫が必要です。麺類に卵や野菜などをのせたり、ごまをふりかけたりすれば、身体づくりに役立つたんぱく質やミネラルが補給できます。

Chapter.3

# 肉類

豚肉、鶏肉、牛肉、マトンなどの肉類は、いずれも血や筋肉、
骨など身体づくりに欠かせないたんぱく質を多く含んでいます。
積極的にとりたい食材ですが、
脂質が多い部位もあるので注意が必要です。

# 肉類

## 特徴

1. 肉はたんぱく質を多く含む食材
2. 肉の種類、部位によって成分が大きく異なる
3. 肉の脂質は不飽和脂肪酸を多く含む

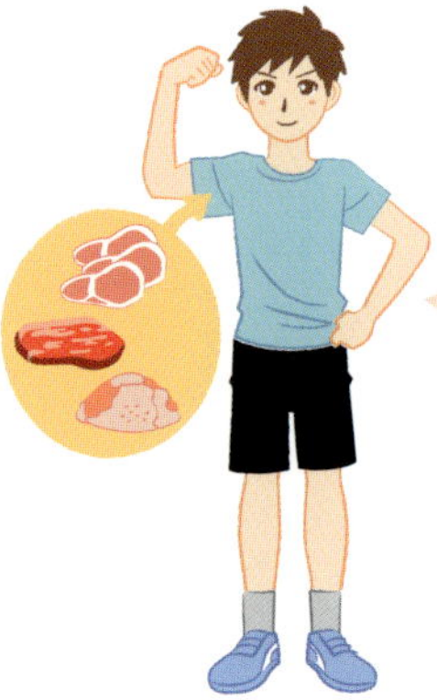

## 理論

◎ 肉の主成分はたんぱく質
◎ 免疫力にも関与する
◎ 成長期にも大切な栄養素

たんぱく質は、筋肉・骨・血液・皮膚・爪……など身体の重要な部分をつくる成分。身体を強化したい選手はしっかりとりたい栄養素です。

## 部位別の特徴

肉はその部位によって、成分やカロリーが異なります。
現在の選手の状態や時期に合わせてセレクトするとよいでしょう。

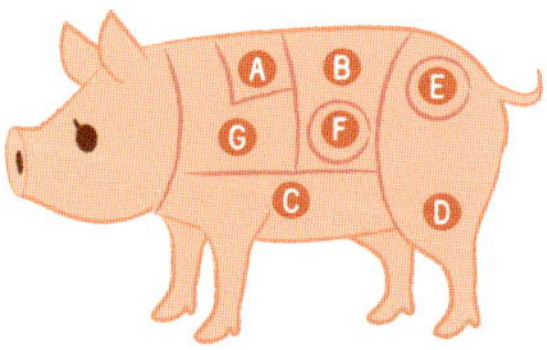


Ⓐ肩ロース 688kcal／脂質 70.7g
Ⓑロース 263kcal／脂質 19.2g
Ⓒバラ 386kcal／脂質 34.6g
Ⓓもも 183kcal／脂質 10.2g
Ⓔそともも 235kcal／脂質 16.5g
Ⓕヒレ 115kcal／脂質 1.9g
Ⓖ肩 216kcal／脂質 14.6g

（すべて 100g あたり、大型種の場合、ヒレ以外脂身つき、ヒレは赤身）

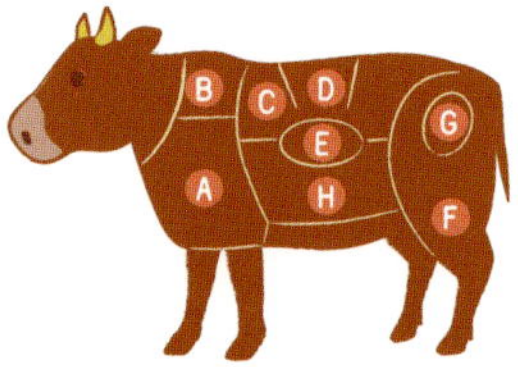


Ⓐ肩 286kcal／脂質 22.3g
Ⓑ肩ロース 411kcal／脂質 37.4g
Ⓒリブロース 468kcal／脂質 44.0g
Ⓓサーロイン 498kcal／脂質 47.5g
Ⓔバラ 517kcal／脂質 50.0g
Ⓕもも 246kcal／脂質 17.5g
Ⓖそともも 265kcal／脂質 20.0g
Ⓗヒレ 223kcal／脂質 15.0g

（すべて 100g あたり、ヒレ以外脂身つき、ヒレは赤身）

Ⓐ手羽 195kcal／脂質 10.4g
Ⓑむね 244kcal／脂質 17.2g
Ⓒもも 253kcal／脂質 19.1g
Ⓓささみ 114kcal／脂質 1.1g

（すべて 100g あたり、成鶏肉の場合、ささみ以外皮つき）

## ● おもな肉類の栄養価（100gあたり）

※下記に掲載した栄養素で、数値がいちばん高いものを太字にしています。

| | | エネルギー (kcal) | たんぱく質 (g) | 脂質 (g) | 炭水化物 (g) | 鉄 (mg) | ビタミン $B_1$ (mg) | ビタミン $B_2$ (mg) | ビタミン $B_{12}$ (μg) |
|---|---|---|---|---|---|---|---|---|---|
| 鶏肉 | むね肉（皮つき） | 191 | 19.5 | 11.6 | 0 | 0.3 | 0.07 | 0.09 | 0.2 |
| | むね肉（皮なし） | 108 | 22.3 | 1.5 | 0 | 0.2 | 0.08 | 0.10 | 0.2 |
| | もも（皮なし） | 200 | 16.2 | 14.0 | 0 | 0.4 | 0.07 | 0.18 | 0.4 |
| | ささみ | 105 | **23.0** | 0.8 | 0 | 0.2 | 0.09 | 0.11 | 0.1 |
| 豚肉 | ロース（脂身つき） | 263 | 19.3 | 19.2 | 0.2 | 0.3 | 0.69 | 0.15 | 0.3 |
| | ばら（脂身つき） | 386 | 14.2 | 34.6 | 0.1 | 0.6 | 0.54 | 0.13 | 0.4 |
| | もも（赤身） | 128 | 22.1 | 3.6 | 0.2 | 0.9 | 0.96 | 0.23 | 0.3 |
| | ヒレ（赤身） | 115 | 22.8 | 1.9 | 0.2 | 1.1 | **0.98** | 0.27 | 0.3 |
| 牛肉 | ロース（脂身つき） | 411 | 13.8 | 37.4 | 0.2 | 0.7 | 0.06 | 0.17 | 1.1 |
| | もも（赤身） | 191 | 20.7 | 10.1 | **0.6** | **2.7** | 0.09 | 0.22 | 1.3 |
| | サーロイン（脂身つき） | **498** | 11.7 | **47.5** | 0.3 | 0.9 | 0.05 | 0.12 | 1.1 |
| | ヒレ（赤身） | 223 | 19.1 | 15.0 | 0.3 | 2.5 | 0.09 | 0.24 | 1.6 |
| 羊肉 | ロース（脂身つき） | 227 | 18.0 | 16.0 | 0.1 | 1.5 | 0.13 | 0.22 | 1.1 |
| | もも（脂身つき） | 217 | 19.0 | 14.4 | 0.2 | 2.0 | 0.24 | **0.33** | **1.7** |

※文部科学省・科学技術・学術審議会資源調査分科会「日本食品標準成分表」より
※0…検出されなかった、または含まれてはいるが成分の記載限度に達していないもの

### Point

→ たんぱく質は、特にささみやヒレ肉に多い。
→ 疲労回復に効果のあるビタミン $B_1$ は豚肉に多く含まれる。
→ 調理の際に皮や脂身を取ると、大幅なカロリーカットができる。

# 豚肉

運動量が増えると、身体が破壊された分のたんぱく質が必要になり、疲労回復のためのビタミン $B_1$ も意識してとりたいもの。そんなときに食べたいのが豚肉です。

ここがスゴイ!

## 1. ビタミン $B_1$ で疲労回復

疲労回復の栄養ドリンクやサプリメントにも含まれる、回復のための栄養素です。

## 2. ビタミン $B_1$ で夏バテ予防

暑さだけでなく、ビタミン$B_1$不足が食欲不振の原因にも。しっかり食べて予防しましょう。

## 3. たんぱく質とビタミンを同時に補給

運動量が多くなると必要になるたんぱく質とビタミンを同時にとれるメリットがあります。

100gあたりの栄養価

［ 豚もも・脂身つき・生 ］

| | |
|---|---|
| エネルギー | 183kcal |
| たんぱく質 | 20.5g |
| 脂質 | 10.2g |
| 炭水化物 | 0.2g |

多く含まれる栄養素

たんぱく質　ビタミン$B_1$

### 上手なとり方

その①

にんにく、しょうが、たまねぎ、ねぎ、にら……といった食材と合わせて食べれば、アリシン効果でビタミン$B_1$の吸収がアップ！

しょうが

たまねぎ

その②

豚もも肉

消化を促進したい選手や、体脂肪が気になる選手は脂質が少ない部位を選んで。バラよりヒレやももがベター。

### こんなときにおすすめ！

◎ 試合の前後に

◎ 疲労回復したいとき

◎ 夏バテを予防・改善したいとき

↓

豆知識

豚肉は、炒めるときにたまねぎやにんにくを加えたり、タレにしょうがを使うのがおすすめ。ちょっとしたプラスをすることで、疲労回復や夏バテ予防効果になります。

## スパイシーポーク

豚とにんにくのビタミンが疲労を回復してくれる

331 kcal

筋肉づくり　夏バテ予防・回復　疲労回復　免疫力 UP

《材料》2人分

●**豚ロース肉 200g** ●にんにく 1片 ●白ワイン 小さじ2 ●カレー粉 少々 ●塩・こしょう 各少々 ●油 小さじ2 ●ケチャップ 適宜

《つくり方》

1. ボウルににんにくをおろし、白ワインとカレー粉を混ぜる。
2. 豚肉に塩・こしょうをして、1に5分程度つける。
3. フライパンに油をひいて熱し、2を火が通るまで焼く。
4. お好みでケチャップをかける。

**Point**

オフシーズンのときなど、低脂肪を意識するときは豚もも肉を使用しましょう。栄養素はしっかり含まれているので安心です。

---

## 豚の肉巻き

筋肉づくり　夏バテ予防・回復　疲労回復　免疫力 UP

《材料》2人分

●**豚ロース肉 200g** ●塩・こしょう 各少々 ●にんじん 50g ●アスパラガス 50g ●油 小さじ2

《つくり方》

1. 豚肉に塩・こしょうをする。
2. にんじんとアスパラガスを5cm程度の長さに切り、さっとゆでる。
3. 2を1にのせて巻く。
4. 油をひいて熱したフライパンで、3を転がしながら火が通るまで焼く。

**Point**

焼くときは、豚肉の巻き終わり部分を下にして置き、先に焼き目をつけるとくずれません。切れ味のよい包丁で一気に切りましょう。

発汗量が多いときは塩麹を少し多めにしてもOK

314 kcal


◀◀ 次ページにつづく

疲労回復の豚肉に
栄養満点のトマトソースを！
332
kcal

# ミートボール トマト野菜煮込み

筋肉づくり　夏バテ予防・回復
疲労回復　免疫力 UP

《材料》2人分

●**豚ひき肉 200g** ●にんにく 1片 ●たまねぎ 60g ●パセリ 2g ●トマト 100g ●にんじん 40g ●Ⓐ［牛乳 大さじ2／卵 1個／パン粉 適量］●油 適量 ●Ⓑ［水 2カップ ●顆粒コンソメスープの素 小さじ2］

《つくり方》

❶ にんにく、たまねぎ、パセリはみじん切りにする。トマトとにんじんは食べやすい大きさに切る。
❷ ボウルに豚肉、たまねぎ、Ⓐを入れ、よく混ぜあわせ、一口大の団子状にする。
❸ Ⓑが沸騰したら、❷を落とし入れ、10分ほど煮込む。
❹ 器に盛り、パセリを散らす。

Point

フレッシュトマトの代わりに、缶詰のカットトマトを使ってもOK。手間も省けるし、手頃な値段で年中手に入るのもうれしいですね。

---

# 豚汁

筋肉づくり　夏バテ予防・回復
疲労回復　免疫力 UP

《材料》2人分

●**豚ロース肉 160g** ●にんじん 40g ●だいこん 40g ●だいこんの葉 40g ●ごぼう 40g ●しいたけ 2枚 ●しらたき 20g ●だし汁［水 2カップ／和風だし 小さじ1］●味噌 24g ●しょうゆ 小さじ1

《つくり方》

❶ 豚肉、にんじん、だいこん、だいこんの葉、ごぼう、しいたけ、しらたきは食べやすい大きさに切る。
❷ 鍋にだし汁を熱し、❶を入れ、あくを取りながらやわらかくなるまで煮込む。
❸ ❷に味噌としょうゆで味付けをする。

激しい運動で蓄積した
活性酸素を野菜で
シャットアウト！
268
kcal

疲労回復には、
豚＋アスパラガスの
コンビネーション
374
kcal

## 豚の五目炒め

筋肉づくり　夏バテ予防・回復　疲労回復　免疫力 UP

《材料》2人分

●**豚ロース薄切り肉 200g** ●キャベツ 100g ●アスパラガス 4本 ●ピーマン 50g ●パプリカ（赤・黄）各50g ●もやし 60g ●塩・こしょう 各少々 ●サラダ油 適量

《つくり方》

1. 豚肉とキャベツは一口大に切る。アスパラガスは4cm長さの斜め切りに、ピーマンとパプリカは細切りにする。もやしは洗って根を切る。
2. フライパンに油を熱し、豚肉を炒める。
3. 肉に火が通ったら、残りの野菜を加えてさらに炒め、塩・こしょうで味をととのえる。

## 冷しゃぶ たまねぎドレッシング

筋肉づくり　夏バテ予防・回復　疲労回復　免疫力 UP

《材料》2人分

●**豚ロース薄切り肉 200g** ●たまねぎ1個（200g） ●Ⓐ［オリーブオイル 大さじ2／ワインビネガー 大さじ4／しょうゆ 大さじ2／塩・こしょう 各少々］

《つくり方》

1. 豚肉は食べやすい大きさに切り、さっとゆでる。
2. たまねぎはすりおろし、Ⓐとあえる。
3. 器に1を盛り、2をかける。

たまねぎのアリシンが
$B_1$の吸収を高める！
338
kcal

# 鶏肉

鶏肉はたんぱく質が豊富。身体を追い込んだトレーニングを行うと、免疫力が落ちたりすることも。そんなときにおすすめなのが鶏肉です。

## ここがスゴイ！

### 1. 筋力づくりの味方になる

消化がよく、たんぱく質も豊富に含んでいるので筋力UPに！

### 2. 高たんぱくで低脂肪！

ささみは、100g中にたんぱく質は23g。脂質は0.8gしか含まれていません。

### 3. 関節を補強する

手羽先やなんこつは、腰や肘、膝を補強するコラーゲンの供給源。痛みの緩和にも活躍します。

**100gあたりの栄養価**

［ 若鶏・むね・皮つき・生 ］

| | |
|---|---|
| エネルギー | 191kcal |
| たんぱく質 | 19.5g |
| 脂質 | 11.6g |
| 炭水化物 | 0g |

**多く含まれる栄養素**

- たんぱく質
- イミダペプチド
- コラーゲン（なんこつ、手羽先）

## 上手なとり方

その①

消化のよいたんぱく質を含んでいるので、油を控えた調理法を取り入れるとさらに消化がよくなります。骨付き肉は煮込んで調理することで関節痛、ねんざなどの回復にもおすすめの食材です。

オイル

その②

手羽先

手羽先などの骨付き肉は、しっかり煮込むことで関節を強化するためのコラーゲンをとることができます。積極的にとりたい食材のひとつです。

## こんなときにおすすめ！

- ◎ ケガの予防・疲労回復したいとき
- ◎ 身体をつくりたいとき
- ◎ 激しいトレーニングの後

### 豆知識

鶏肉は消化がよいので、内臓が疲労しているときに取り入れたい食材です。高強度の筋トレなどをして、筋肉量をアップしたいときなどにもおすすめです。

ブロッコリーのビタミンCが
筋肉の補強に役立つ!
278
kcal

## チキンとブロッコリーの炒め物

筋肉づくり　疲労回復　免疫力UP

《材料》2人分

•**鶏もも肉 200g** •ブロッコリー 100g •にんにく 少々 •油 小さじ2 •酒 大さじ2 •塩・こしょう 少々 •白ごま 小さじ2 •レモン 適宜

《つくり方》

❶ 鶏肉とブロッコリーは食べやすい大きさに切る。にんにくは薄切りにする。
❷ フライパンに油をひいて熱したら、にんにくを炒める。
❸ ❷に鶏肉とブロッコリーを加えて炒め、酒と塩・こしょうで味をととのえたら、白ごまをふる。
❹ お好みでレモンを添える。

---

## チキンのおろし煮

筋肉づくり　疲労回復　免疫力UP

《材料》2人分

•**鶏もも肉 200g** •だいこん 400g •あさつき 10g •油 小さじ2 •だし汁 2カップ •しょうゆ、みりん 各大さじ2

《つくり方》

❶ 鶏肉は食べやすい大きさに切る。だいこんはすりおろし、あさつきは小口切りにする。
❷ 油をひいて熱したフライパンで、鶏肉の表面に焼き色がつくまで炒めたら、ざるに入れてお湯をかける。
❸ 鍋にだし汁と❷、しょうゆ、みりんを入れて煮込み、だいこんおろしを加える。
❹ 器に盛り、あさつきを散らす。

ごはんといっしょに
食べることで消化を助けて
胃にやさしい!
151
kcal


◀◀ 次ページにつづく

関節のケガの予防に
コラーゲンたっぷりの
骨付き肉を！
217
kcal

## 鶏手羽中華スープ

関節強化　筋肉づくり　疲労回復
骨強化　免疫力 UP

《材料》2人分

● **鶏手羽元 6本** ● いんげん 100g ● 水 2カップ ● 顆粒鶏ガラスープの素 小さじ1 ● 溶き卵 1/2個分 ● 塩・こしょう 各少々

《つくり方》

1. いんげんはさっとゆで、小口切りにする。
2. 鍋を熱し、鶏手羽元を入れ、転がしながら表面に軽く焼き色がつくまで炒める。
3. 2に水、鶏ガラスープの素を入れ、沸騰させる。
4. 3に溶き卵を回し入れ、塩・こしょうで味をととのえ、いんげんを散らす。

---

## 鶏肉しそ ごまづけ焼き

筋肉づくり　疲労回復　免疫力 UP

《材料》2人分

● **鶏もも肉 200g** ● にんにく 1片 ● しそ 4枚 ● いりごま（黒）大さじ2 ● しょうゆ 大さじ2 ● 油 小さじ1

《つくり方》

1. 鶏肉は食べやすい大きさに切る。にんにくはみじん切りに、しそはせん切りにする。
2. ボウルに鶏肉、にんにく、いりごま、しょうゆを入れて、よく混ぜあわせる。
3. フライパンに油を熱し、2を火が通るまで焼く。
4. 器に3を盛り、しそをのせる。

黒い食材に注目！
黒ごまにはケガに効く
ミネラルが豊富
286
kcal

鶏肉＋卵の良質
たんぱく質で
当たり負けしない身体に！
465
kcal

# スタミナチキン南蛮

筋肉づくり　疲労回復　免疫力 UP

《材料》2人分

・**鶏むね肉 200g** ・塩・こしょう 各少々 ・にんにく 1片 ・溶き卵 1個分 ・小麦粉 1/2カップ ・揚げ油・ポン酢・みょうが 各適量

《つくり方》

1. 鶏肉は塩・こしょうをふり、にんにくをこすりつけて下味をつける。
2. 溶き卵に水（分量外）を加えて¼カップ量にし、小麦粉を加えて衣を作る。
3. ❶に❷をまぶし、約180℃の油でカラッと揚げる。
4. 器に❸を盛り、ポン酢をかける。
5. 薄切りにしたみょうがを散らす。

---

# バンバンジー風

筋肉づくり　体脂肪ダウン　疲労回復　免疫力 UP

《材料》2人分

・**鶏ささみ肉 140g** ・きゅうり 40g ・にんじん 60g ・Ⓐ［塩 少々／砂糖、酢 各大さじ2／しょうゆ 大さじ4］・いりごま（白）大さじ1

《つくり方》

1. きゅうりは斜め薄切りに、にんじんはせん切りにする。
2. 鶏肉は完全に火が通るまでゆでて、手で割く。
3. ボウルに❶と❷を入れて、Ⓐを加えて和え、いりごまをふる。

**Point**

食べるときはお好みで少しレモンをしぼってみましょう。味がさっぱりするだけでなく、レモンに含まれるビタミンが疲労を回復してくれます。

脂肪をおさえて
筋肉をつけたいならコレ！
136
kcal

# 牛肉

牛肉はたんぱく質や、亜鉛、鉄分を多く含みます。
貧血の改善や走り込みをしたときなどにおすすめです。

## ここがスゴイ！

### 筋肉や骨をつくる!

1. 牛肉は、たんぱく質を多く含んでいるので、筋肉や骨をつくります。

### 貧血の予防・回復

2. たんぱく質と鉄が含まれるので、効率よく血液がつくれます。貧血の予防改善に。

### 傷の回復を早める

3. 牛肉には、傷の回復を促す亜鉛が豊富。亜鉛が不足すると、味覚がなくなるので注意。

**100gあたりの栄養価**

［和牛・もも・脂身つき・生］

| | |
|---|---|
| エネルギー | 246kcal |
| たんぱく質 | 18.9g |
| 脂質 | 17.5g |
| 炭水化物 | 0.5g |

**多く含まれる栄養素**

たんぱく質　鉄　亜鉛

## 上手なとり方

その①

鉄の吸収には、ビタミンCがあると効果的。トマト、ブロッコリー、ピーマンなどと一緒に食べると吸収がアップします。

トマト

その②

100%ジュース

牛肉を食べたあとにビタミンCの多いイチゴやキウイを食べると鉄の吸収をアップさせます。食後に100%ジュースを飲むのもOK！

【こんなときにおすすめ！】

◎ 身体をつくりたいとき

◎ 持久的な練習が多いとき

◎ インスタント食品が多いとき

**豆知識**

牛肉は身体づくりのためのたんぱく質やミネラルが豊富です。体脂肪が気になる選手は、サーロインではなくヒレを、バラではなくももを選ぶようにしましょう。

不足しがちな鉄分が
しっかりとれる組み合わせ！

# 牛肉と枝豆のにんにく炒め

筋肉づくり　血液づくり　免疫力 UP

《材料》2人分

●**牛もも肉 160g** ●にんにく 1片 ●パセリ 少々 ●油 小さじ2 ●枝豆（さやなし）60g ●オイスターソース 大さじ2 ●塩・こしょう 各少々

《つくり方》

1. にんにくとパセリをみじん切りにする。
2. 油をひき熱したフライパンでにんにくと牛肉を炒め、枝豆を加える。
3. オイスターソースを加えてさっと炒めたら、パセリを加え、塩・こしょうで味をととのえる。

Point

パセリはビタミン、ミネラルがきゅっとつまった食品。カロリーも低いので、量を増やしてもOK。栄養素がたっぷりとれますよ。

---

# 野菜の牛肉詰め

筋肉づくり　血液づくり　免疫力 UP

《材料》2人分

●**牛ひき肉 120g** ●しょうが 少々 ●たまねぎ 100g ●パン粉 大さじ4 ●塩・こしょう 各少々 ●酒 小さじ4 ●ピーマン 2個 ●パプリカ 1個 ●小麦粉 少々 ●油 小さじ2 ●ミニトマト 適宜

《つくり方》

1. しょうが、たまねぎをみじん切りにする。
2. ボウルに牛肉、1、パン粉を入れ、塩・こしょうをふって酒を加え、よく混ぜる。
3. ピーマンとパプリカにうすく小麦粉をふり、2を詰める。
4. フライパンに油をひいて熱したら、3の両面を焼く。
5. お好みでミニトマトを添える。

ビタミンCの多い野菜を
組み合わせて
鉄分の吸収率をアップさせる

◀◀ 次ページにつづく

足首、膝、腰などが
痛いときや
ねんざしたときにおすすめ！

# 牛すじの煮込み

関節強化　筋肉づくり　骨強化

《材料》2人分

● **牛すじ 200g** ● にんにく 2片 ● だいこん 100g ● あさつき40g ● 水 4カップ ● 酒 1カップ ● 三温糖 大さじ1 ● しょうゆ 1/2カップ ● 練り辛子 適宜

《つくり方》

1. にんにくはうす切り、だいこんは一口大、あさつきは小口切りにする。
2. 鍋にお湯を沸かし、牛すじを10分程度ゆでたら水にさらし、食べやすい大きさに切る。
3. 鍋にだいこんとにんにく、2を入れ、水を加えて煮て、沸騰したら酒を加えて煮込む。
4. だいこんがやわらかくなったら三温糖としょうゆを加える。
5. 器に盛りつけ、あさつきをちらす。

---

# 牛ステーキ しょうがダレかけ

筋肉づくり　血液づくり　免疫力UP

ときには鉄分・
たんぱく質が豊富な
牛ステーキを！

《材料》2人分

● **牛サーロイン肉 300g** ● 塩・こしょう各少々 ● おろししょうが 2片分 ● めんつゆ 大さじ4 ● 水 90ml ● だいこんおろし 適量

《つくり方》

1. 牛肉は、塩・こしょうで下味をつけておく。
2. ボウルにおろししょうが、めんつゆ、水を入れて混ぜる。
3. 1をフライパンで好みの加減に焼く。
4. 器に3を盛り、だいこんおろしをのせて2をかける。

トマトのビタミンCが
牛肉の鉄分吸収をサポート
440
kcal

# 牛肉となすのケチャップ炒め

関節強化　筋肉づくり　骨強化

《材料》2人分

●**牛切り落とし肉 300g** ●なす 2本 ●トマト 200g ●油 小さじ2 ●にんにく（薄切り）2片 ●Ⓐ［トマトケチャップ 大さじ1／しょうゆ 大さじ2／酒 大さじ1／砂糖 少々］

《つくり方》

1. なすは乱切りにする。牛肉とトマトは一口大に切る。
2. フライパンに油を熱し、にんにくを香りが立つまで炒める。
3. 火が通ったら、なす、牛肉の順に炒め、トマトを加える。
4. Ⓐを回し入れ、味をからませたら火を止める。

---

# 牛肉のたたき

関節強化　筋肉づくり　骨強化

《材料》2人分

●**牛ステーキブロック肉（もも、ヒレなど）200g** ●黒こしょう 少々 ●しょうゆ、ウスターソース 各1/2カップ弱 ●たまねぎ（薄切り）40g

《つくり方》

1. 牛肉は黒こしょうで下味をつけ、フライパンで全面焼く。
2. 鍋にしょうゆとウスターソースを入れ、❶を転がしながら2～3分ほど煮て、皿に取り出して冷蔵庫で10分ほど休ませる。
3. ❷を冷蔵庫から取り出し、0.5cm幅に切って器に盛り、水にさらした薄切りたまねぎをのせる。

試合前には、ももやヒレなど
脂肪の少ない部位を！
384
kcal

# 羊肉

体脂肪を落としながら、筋肉量をアップしたいときなどに。ジンギスカン鍋は、余分な脂をおとし野菜を豊富にとれるので、身体をしぼりたい選手におすすめ。

### 上手なとり方

体脂肪を気にするあまり、肉類の摂取を控えている選手でも、羊なら脂肪燃焼のアミノ酸が含まれるのでおすすめ！野菜と一緒にとるとさらに効果的です。

たまねぎ

### ここがスゴイ！

**1. 筋肉強化に最適！**

脂肪を燃焼するアミノ酸（カルニチン）が効果的に働くので、筋肉をつけたいときに。

**2. 貧血予防に効果的**

たんぱく質や鉄分が多く含まれるので、貧血の予防、回復なども効果があります。

**100gあたりの栄養価**

［ラム・もも・脂身つき・生］

| | |
|---|---|
| エネルギー | 217kcal |
| たんぱく質 | 19.0g |
| 脂質 | 14.4g |
| 炭水化物 | 0.2g |

**多く含まれる栄養素**

たんぱく質　カルニチン　ビタミン$B_{12}$

## ラムローストバルサミコソースかけ

筋肉づくり　血液づくり　体脂肪ダウン　免疫力UP

《材料》2人分

●**ラム 200g** ●塩・こしょう 各少々 ●にんにく 2片 ●油 小さじ2 ●タイム、ローズマリー 各少々 ●Ⓐ［バルサミコ酢 大さじ2／しょうゆ 大さじ1／にんにく 少々］

《つくり方》

264 kcal

❶ラムに切り込みを入れて塩・こしょうをし、薄切りにしたにんにくを切り込みにはさんだら油をひいたフライパンで両面をさっと焼く。

❷❶にタイムとローズマリーをふり、200度に熱したオーブンで20分程度焼き、Ⓐをかける。

## ラムとトマト、ミックスビーンズの炒め物

筋肉づくり　血液づくり　体脂肪ダウン　免疫力UP

《材料》2人分

●**ラム 160g** ●トマト 200g ●ミックスビーンズ（水気を切る）50g ●たまねぎ 1/4個 ●にんにく 1片 ●油 小さじ1/2 ●塩・こしょう 各少々

303 kcal

《つくり方》

❶トマト、たまねぎ、にんにくをみじん切りにし、フライパンでにんにくとたまねぎを炒める。

❷❶にラムを加えて火が通ったら、残りの具材を加えて、塩・こしょうをする。

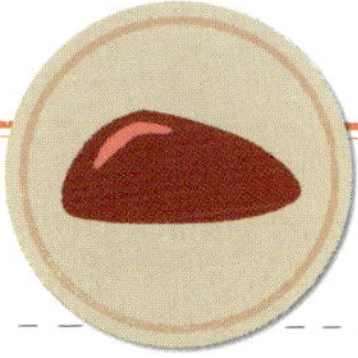

# レバー

レバーは種類によって鉄の含有量が違います。鉄を最も含むのは豚で、牛肉の3倍も含まれます。鉄を補給したいときは、豚レバー！ と覚えておきましょう。

### 上手なとり方

たんぱく質、鉄、葉酸、ビタミン$B_{12}$と血液をつくるのに必要な栄養素が完璧なレバー。さらに吸収を高めるには、ビタミンCの多い、トマト、ブロッコリーなどの野菜と一緒に。

トマト

### ここがスゴイ！

**1. 貧血の予防・改善に役立つ**

鉄分が豊富なレバーを食べれば、血液の材料は完璧！ 鉄が多いのは豚、鶏、牛の順。

**2. 粘膜の保護や口内炎予防に**

細胞膜や活性酸素の除去のビタミンAは、鶏、牛、豚の順。肌荒れ、口内炎予防に。

**100gあたりの栄養価**

［ 豚・肝ぞう・生 ］

| | |
|---|---|
| エネルギー | 128kcal |
| たんぱく質 | 20.4g |
| 脂質 | 3.4g |
| 炭水化物 | 2.5g |

**多く含まれる栄養素**

たんぱく質 / 鉄 / ビタミン$B_{12}$ / 葉酸

## レバーマリネ

筋肉づくり　血液づくり　疲労回復　免疫力UP

《材料》2人分

● **豚レバー 160g** ● 牛乳 1/2カップ ● たまねぎ 1/2個 ● にんじん 60g ● かいわれ 20g ● 小麦粉 少々 ● カレー粉 0.4g ● 油 小さじ2 ● しょうゆ 小さじ2 ● レモン汁 大さじ1 ● 塩 少々

《つくり方》

1. レバーは食べやすい大きさに切り、牛乳に15分以上浸しておく。
2. たまねぎは薄切りにして、塩水（分量外）に入れたあと水を切る。にんじんはせん切り、かいわれは3cm程度の長さに切る。
3. ①の牛乳から取り出したレバーに小麦粉とカレー粉をまぶし、油をひいて熱したフライパンで焼く。
4. ボウルに②と③を入れ、しょうゆとレモン汁、塩で味をととのえる。

牛乳やカレー粉で
レバーの臭みを抑える
239
kcal


◀◀ 次ページにつづく

サラダやパンなどにつけて
鉄分の補給に役立てる！
115
kcal

# レバーパテ

筋肉づくり　血液づくり　免疫力 UP

《材料》2人分

・**鶏レバー 160g** ・牛乳 1/2カップ ・たまねぎ 1/2個 ・にんにく 2片 ・パセリ 2g ・油 小さじ1 ・Ⓐ［塩・こしょう 各少々／白ワイン 大さじ2／マスタード 少々］

《つくり方》

❶ レバーは食べやすい大きさに切り、牛乳に15分以上浸しておく。
❷ たまねぎとにんにくをみじん切りにし、油をひいて熱したフライパンで炒める。
❸ ❶を牛乳から取り出し、フライパンで火が通るまで焼く。
❹ パセリと❷、❸、Ⓐをすべて入れてフードプロセッサーにかける。

# 豚レバーカレー

筋肉づくり　血液づくり
骨強化　免疫力 UP

《材料》2人分

・**豚レバー 100g** ・牛乳 40ml ・にんじん 100g ・たまねぎ 100g ・とけるチーズ 60g ・油 適量 ・水 4カップ ・カレールウ 2人分 ・温泉卵 2個

《つくり方》

❶ レバーはよく水洗いし、牛乳に15分以上浸しておく。
❷ にんじんとたまねぎは一口大に切る。チーズは短冊切りにする。
❸ 鍋に油を熱し、にんじんとたまねぎを加えて炒め、さらに❶を加えて炒める。
❹ 水を加えて沸騰したら、カレールウを加えて煮込む。
❺ 器に❹を盛り、チーズと温泉卵をのせる。

鉄分補給！ 苦手なレバーも
カレーなら食べられる！
460
kcal

# 小腸

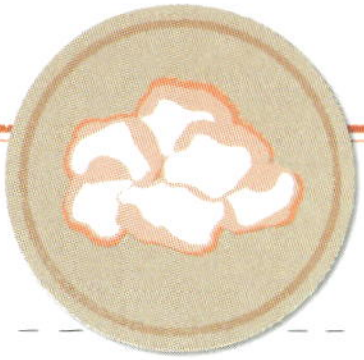

脂質を多く含む小腸は、運動の消費カロリーが多く、エネルギーが必要な選手にとって最適です。とりすぎると肥満の原因にもなりますので、注意しましょう。

### 上手なとり方

小腸は脂質が多いので、ゆでて脂質やあくなどを取り除いてから使い、摂取カロリーを抑えます。それでも脂質が気になる場合は、食物繊維の多いこんにゃくやにんにくと一緒にとりましょう。

こんにゃく

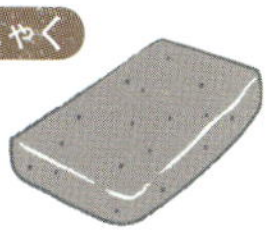

### ここがスゴイ！

**1. 運動量が多いときのエネルギー補給に**

脂質が多いので激しい運動の後など、エネルギーが必要な選手におすすめ。

**2. 悪性貧血の予防・改善に役立つ**

亜鉛とビタミン $B_{12}$ がしびれをともなう悪性貧血を予防します。神経機能の働きをよくし、貧血予防にも。

**100gあたりの栄養価**

［牛・小腸・生］

| | |
|---|---|
| エネルギー | 287kcal |
| たんぱく質 | 9.9g |
| 脂質 | 26.1g |
| 炭水化物 | 0g |

**多く含まれる栄養素**

たんぱく質　脂質　ビタミン $B_{12}$

## ホルモン鍋

血液づくり　夏バテ予防・回復　疲労回復

《材料》2人分

• **ホルモン（小腸）100g** • にんにく 1片 • しらたき 50g • キャベツ 50g • にら 30g • 油 小さじ1/2 • Ⓐ［水 1カップ／しょうゆ、味噌 各大さじ1／酒、砂糖、みりん 各大さじ1/2／塩・こしょう 各少々／唐辛子 少々］

《つくり方》

1. にんにくはうす切りに、その他の材料は食べやすい大きさに切る。
2. にんにくとホルモンをさっと炒める。
3. 鍋にⒶを入れて沸騰したら、1で切った材料と2を加えて煮込む。

**Point**

プルプルのホルモンがおいしい！　ただし、脂質の気になる人や、オフシーズンの場合は、小腸を一度ゆで、脂肪を取り除いてから使いましょう。

鍋は野菜を無理なく
たくさん食べられる
理想的な料理！
227
kcal

# 豚足・耳

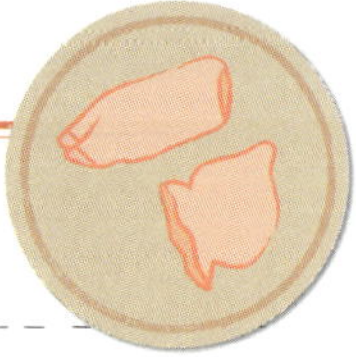

「膝が痛いからコラーゲンをとりに行こう」というある選手たちの会話にもあるとおり、栄養の知識が増えると、外食も気分でなく体調で選ぶようになります。

## 上手なとり方

ビタミンCと一緒にとると、コラーゲンの吸収をアップすることができます。たとえば、ブロッコリーやキャベツなど、ビタミンCの多い野菜と一緒に食べるとよいでしょう。

ブロッコリー
キャベツ


## ここがスゴイ!

**1. 関節が痛いときに**

コラーゲンを多く含んでいるので、関節などを補強するのに役立ちます。

**2. 骨を強化する**

豚足や耳に含まれているコラーゲンは、骨を強化します。ケガの予防におすすめです。

**100gあたりの栄養価**

[ 豚足・ゆで ]

| | |
|---|---|
| エネルギー | 230kcal |
| たんぱく質 | 20.1g |
| 脂質 | 16.8g |
| 炭水化物 | 0g |

**多く含まれる栄養素**

たんぱく質　コラーゲン

## 豚足煮

骨強化　関節強化・ケガ予防

《材料》2人分

- **豚足 100g**
- しょうが 1片
- あさつき 4g
- Ⓐ［水 1/2カップ／めんつゆ 大さじ2（3倍希釈）／三温糖 大さじ1/3 ／みりん 大さじ1/2］

《つくり方》

1. 豚足はほぐして食べやすい大きさに切る。しょうがはみじん切り、あさつきは小口切りにする。
2. 鍋にⒶを入れてしょうがを加え、沸騰したら豚足を入れ、落しブタをして30分以上煮込む。
3. 器に盛りつけたら、あさつきを散らす。

毎日の生活&練習ですり減っている関節を強化
146 kcal

# なんこつ

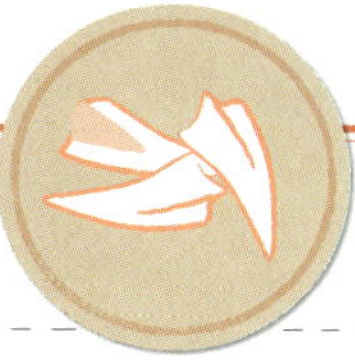

運動量が増えると、身体が破壊された分のたんぱく質が必要になり、
疲労回復のためのビタミン $B_1$ も含まれています。

### 上手なとり方

豚なんこつは100gあたり231Kcal、脂質は16.8gも含むので、体脂肪が気になる選手は鶏なんこつを選びましょう。

鶏なんこつ

### ここがスゴイ！

**1. 疲労を回復する**

たんぱく質とコラーゲンの効果で、身体に蓄積された疲労をスムーズに回復します。

**2. ビタミンA、ビタミン $B_1$ が豊富**

活性酸素を除去するビタミンAは、鶏、牛、豚の順。口内炎予防のビタミン $B_2$ も豊富。

**100gあたりの栄養価**

［とり・軟骨・生］

| | |
|---|---|
| エネルギー | 54kcal |
| たんぱく質 | 16.6g |
| 脂質 | 3.7g |
| 炭水化物 | 3.7g |

**多く含まれる栄養素**

たんぱく質　コラーゲン

## 鶏なんこつとキャベツ炒め

関節強化・ケガ予防　筋肉づくり　骨強化　免疫力UP

《材料》2人分

・**鶏なんこつ 300g** ・キャベツ 200g ・油小さじ1 ・塩・粒こしょう 各少々

《つくり方》

1. 鶏なんこつとキャベツは食べやすい大きさに切る。
2. フライパンに油を熱し、鶏なんこつを炒める。
3. キャベツを加えて炒め、塩・粒こしょうで味をととのえる。

**Point**

サイドディッシュとして、トマトやブロッコリーを添えてみましょう。栄養素の相性もいいので、さらに効果がアップします。

関節のじん帯や腱をつくる
鶏コラーゲンをダイレクトに！
150 kcal

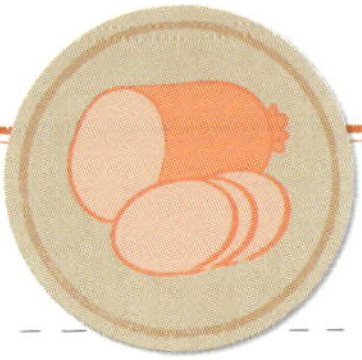

# ハム

朝食などで毎日食べている選手もいるほど、手軽にとりやすい食品。保存料やリンのとりすぎでカルシウムの吸収が落ちるのが気になる場合は、ボイルしましょう。

**上手なとり方**

同じハムでも、肉をあまり使用せずに、つなぎで製造されたものもあります。しっかり原材料を見て、原材料の最初に肉があるものを選びましょう。

**成分表の例**

●名称　ハム（スライス）
●原材料名　豚ロース肉
還元水あめ、食塩、ブドウ糖
調味料、酸化防止剤、発色剤
●保存方法：要冷蔵
●販売元：○△株式会社

**ここがスゴイ！**

**1. 手軽なたんぱく質の補給、身体づくりに**

疲労回復のための栄養素が豊富。選ぶときは、原材料の最初に「肉」があるものを！

**2. 常備しておきたい食材**

保存ができるうえ、どんな食材にも合うので常備しておきたい食材です。

**100gあたりの栄養価**

［豚・ロースハム］

| | |
|---|---|
| エネルギー | 196kcal |
| たんぱく質 | 16.5g |
| 脂質 | 13.9g |
| 炭水化物 | 1.3g |

**多く含まれる栄養素**

たんぱく質　ビタミンB1

## ハムのピザ風

エネルギー補給｜筋肉づくり｜血液づくり｜夏バテ予防・回復｜骨強化｜免疫力UP

《材料》2人分

● **ハム（厚切り）160g** ●にんじん 40g ●ピーマン20g ●油 小さじ1 ●粒コーン（缶詰）20g ●スライスチーズ 60g ●トマトケチャップ 大さじ2

《つくり方》

1. にんじん、ピーマンはみじん切りにする。
2. フライパンに油を熱し、ハムを焼く。
3. 片面が焼けたら裏返し、①と粒コーン、チーズをのせ、フタをして3分ほど蒸し焼きにする。器に盛り、ケチャップを添える。

## 生ハムの野菜巻き

筋肉づくり｜血液づくり｜夏バテ予防・回復｜骨強化｜免疫力UP

《材料》2人分

● **生ハム 10枚** ●パプリカ 1/2個 ●かいわれ 20g ●チーズ 60g ●レモン 適宜

《つくり方》

1. パプリカとかいわれ、チーズを、巻きやすい大きさにそろえて切る。
2. ①を生ハムにのせて巻く。
3. お好みでレモンを添える。

Chapter.4

# 魚介類

魚はスポーツ選手の身体づくりに役立つ
たんぱく質を含む食材です。
また、魚に含まれる油や栄養素は、
抗炎症作用や抗酸化作用など、
疲労回復やケガの回復に役立つので、
積極的に取り入れましょう。

# 魚介類

## 特徴

1. どの種類の魚にも平均20%のたんぱく質が含まれる
2. 血合い部分には吸収のよい鉄が多く含まれる
3. 魚の脂質は不飽和脂肪酸が多い
4. ヨウ素を1%程度含む

### 理論

◎ たんぱく質を多く含む
◎ 免疫力にも関与する
◎ 成長期にも大切な栄養素

筋肉・骨・血液・皮膚・爪……など体の重要な部分をつくるたんぱく質を、肉と同様に多く含みます。種類も豊富で魚によってたんぱく質以外に含まれる成分も異なるので、目的や好みによって選べるのも特徴。成長期には必須の栄養素です。

### ● 旬カレンダー

魚は旬によって採れる種類が違います。旬の魚は安いだけでなく、栄養価も高い優れもの。積極的にとるように心がけましょう。

| | 1月 | 2月 | 3月 | 4月 | 5月 | 6月 | 7月 | 8月 | 9月 | 10月 | 11月 | 12月 |
|---|---|---|---|---|---|---|---|---|---|---|---|---|
| まぐろ | ← | | | | （種類により通年） | | | | | | | → |
| かつお | | | | | ←（初がつお） | → | | ←（戻りがつお） | → | | | |
| さけ | | | | | | | | | ← | | → | |
| さば | | | | | | | | | | ← | | → |
| さんま | | | | | | | | | ← | → | | |
| あじ | | | | | ← | | → | | | | | |

## ●おもな魚介類の栄養価（100gあたり）

※下記に掲載した栄養素で、数値がいちばん高いものを太字にしています。

| | エネルギー（kcal） | たんぱく質（g） | 脂質（g） | 炭水化物（g） | カルシウム（mg） | 鉄（mg） | ビタミン$B_1$（mg） | ビタミン$B_{12}$（mg） |
|---|---|---|---|---|---|---|---|---|
| まぐろ（赤身） | 125 | **26.4** | 1.4 | 0.1 | 5 | 1.1 | 0.10 | 1.3 |
| まぐろ（脂身） | **344** | 20.1 | **27.1** | 0.1 | 7 | 1.6 | 0.04 | 1.0 |
| かつお | 175 | 17.1 | 10.9 | Tr | 21 | 0.3 | **0.22** | 8.4 |
| さけ | 133 | 22.3 | 4.1 | 0.1 | 14 | 0.5 | 0.15 | 5.9 |
| さば | 202 | 20.7 | 12.1 | 0.3 | 9 | 1.1 | 0.15 | 10.6 |
| さんま | 310 | 18.5 | 24.6 | 0.1 | 32 | 1.4 | 0.01 | 17.7 |
| あじ | 121 | 20.7 | 3.5 | 0.1 | 27 | 0.7 | 0.11 | 0.7 |
| たら | 77 | 17.6 | 0.2 | 0.1 | 32 | 0.2 | 0.10 | 1.3 |
| いか | 88 | 18.1 | 1.2 | 0.2 | 14 | 0.1 | 0.05 | 6.5 |
| たこ | 76 | 16.4 | 0.7 | 0.1 | 16 | 0.6 | 0.03 | 1.3 |
| えび | 97 | 21.6 | 0.6 | Tr | 41 | 0.5 | 0.11 | 1.9 |
| あさり | 30 | 6.0 | 0.3 | 0.4 | 66 | 3.8 | 0.02 | 52.4 |
| しじみ | 51 | 5.6 | 1.0 | **4.3** | 130 | **5.3** | 0.03 | **62.4** |
| さば水煮（缶） | 190 | 20.9 | 10.7 | 0.2 | **260** | 1.6 | 0.15 | 12.0 |

※文部科学省・科学技術・学術審議会資源調査分科会「日本食品標準成分表」より
※Tr … 数値が微量のもの。含まれてはいるが成分の記載限度に達していないもの（Tr=Trace）

### Point

→ まぐろやさけは、身体づくりに役立つたんぱく質が豊富。

→ あさり、しじみは鉄とビタミン$B_{12}$が豊富なので、
貧血の予防・回復に最適。

→ まぐろ（脂身）やさんまの脂質は高いが、
脂質の種類はDHAやEPAなのでスポーツ選手には必要。

→ かまぼこ、ちくわからも魚の栄養は補給できる。

# さけ

「さけ」の赤い色素成分はアスタキサンチンと呼ばれ、抗酸化力が極めて高い栄養成分です。毎日は無理でも、できるだけ頻繁に摂取することが理想です。

## ここがスゴイ!

**1.** **強力な抗酸化力**
非常に強い抗酸化成分であるアスタキサンチンが豊富。活性酸素から身体を守ってくれます。

**2.** **脳を活性化**
さけに多く含まれるDHAとEPAは、学習・記憶能力向上に効果があります。

**3.** **カルシウムの吸収をアップ!**
スポーツ選手に必要なカルシウムの吸収率を上げるビタミンDが豊富。

### 100gあたりの栄養価

［しろさけ・生］

| | |
|---|---|
| エネルギー | 133kcal |
| たんぱく質 | 22.3g |
| 脂質 | 4.1g |
| 炭水化物 | 0.1g |

### 多く含まれる栄養素

たんぱく質
ビタミンD
DHA EPA
アスタキサンチン

## 上手なとり方

その①

運動することで疲労する肝臓の強化、身体に害となる活性酸素の除去に大きな効果があるさけ。毎日、摂取してもいいほど、スポーツ選手におすすめの食材です。

焼鮭定食

その②

チーズ

ビタミンDが豊富なのでカルシウムを多く含む乳製品や大豆製品と一緒に調理すれば、効率よくカルシウムをとることができます。

## こんなときにおすすめ!

◎ 運動量が多いとき

◎ 学習・記憶力をUPさせたいとき

◎ 免疫力が気になるとき

### 豆知識

毎日、さけを食べるプロ選手がいます。運動することで発生する活性酸素の除去、コンディションの低下を予防するためですが、習慣にするとよい食材です。

しょうがの風味が入ることで
ごはんがさらに進みます！
183
kcal

# さけのしょうが焼き

筋肉づくり 免疫力 UP 抗酸化作用

《材料》2人分

・**さけ 200g** ・塩 少々 ・Ⓐ［しょうが 2片／しょうゆ 小さじ2／酒 大さじ2］・油 小さじ2

《つくり方》

❶ さけに塩をふったあと、Ⓐの材料とさけをボウルに入れ、10分程度漬ける。
❷ 油をひき熱したフライパンで❶を焼く。

**Point**

魚料理ではどうしても気になる後片付け。焼くときはグリルにアルミホイルを敷くと、後片付けが楽になるのでおすすめです。

---

# さけの塩麹焼き

筋肉づくり 抗酸化作用 免疫力 UP

《材料》2人分

・**さけ 200g** ・にんじん 40g ・ピーマン 1個 ・塩麹 60g ・油 小さじ2

《つくり方》

❶ にんじん、ピーマンをせん切りにする。
❷ さけと塩麹をビニール袋に入れて一晩漬け込む。
❸ アルミホイルににんじん、ピーマン、❷を入れて、油をひいて熱したフライパンで焼く。

**Point**

塩麹に漬けたらビニール袋で一晩。しっかり食材に味をなじませましょう。塩麹に含まれる成分が、食材の味わいをより引き立ててくれます。

味付けは塩麹だけ！
ほかの調味料は一切
使いません
272
kcal


◀◀ 次ページにつづく

ときには火を使わない
食材を取り入れるのもGOOD
180
kcal

# さけのたたき

筋肉づくり　抗酸化作用　免疫力 UP

《材料》2人分

- **さけ 200g**
- にんにく 2片
- きゅうり 50g
- しそ 4枚
- うずらの卵 2個
- しょうゆ 大さじ2

《つくり方》

1. さけは皮をはがして、包丁でたたく。にんにくときゅうりはすりおろす。
2. ❶の材料を合わせてよく混ぜる。
3. 器に盛りつけ、しそとうずらの卵をのせ、しょうゆをかける。

Point

さけ以外にも、他の生魚を使ってもOK。まぐろやあじなどでもおいしく仕上がります。くれぐれも鮮度には気をつけましょう。

---

# さけのクリーム煮

筋肉づくり　骨強化
免疫力 UP　抗酸化作用

《材料》2人分

- **さけ 200g**
- キャベツ 200g
- パセリ 少々
- 牛乳 600ml
- コンソメ 1個
- 塩･こしょう 各少々

《つくり方》

1. さけはそぎ切り、キャベツは一口大に切り、パセリはみじん切りにする。
2. 鍋に牛乳とコンソメとさけを入れて、煮立ったらキャベツを加え、塩･こしょうで味をととのえる。
3. 器に盛りつけ、パセリを散らす。

さけのビタミンDで
カルシウムの吸収力が
アップする！
363
kcal

Point

牛乳アレルギーの人やカロリーを落としたい場合は、豆乳を使ってもOK。味付けはそのままで、おいしく食べられます。

体脂肪が気になるときは
きのこを増やして
カロリーオフ

180
kcal

# さけときのこのしょうゆ炒め

筋肉づくり　抗酸化作用
体脂肪ダウン　免疫力UP

《材料》2人分

・**さけ 200g** ・まいたけ 40g ・しいたけ 2枚 ・たまねぎ 60g ・しょうが 1片 ・Ⓐ［酒 大さじ2／塩 少々／めんつゆ 大さじ2］・油 小さじ2

《つくり方》

❶まいたけ、しいたけを食べやすい大きさに切る。たまねぎは薄切り、しょうがはせん切りにする。

❷ボウルにⒶの材料を合わせたものとしょうがを混ぜ、さけを入れて10分ほど漬けておく。

❸油をひいたフライパンで❷を両面焼き、まいたけ、しいたけとたまねぎを加えて炒める。

# さけ南蛮

筋肉づくり　抗酸化作用　免疫力UP

《材料》2人分

・**さけ 200g** ・にんにく 1片 ・たまねぎ 100g ・ピーマン 40g ・塩・こしょう 各少々 ・小麦粉 適量 ・油 小さじ1 ・Ⓐ［酢 1/2カップ／しょうゆ 大さじ2／みりん 小さじ2／砂糖 小さじ1／和風だしの素 小さじ1］

《つくり方》

❶にんにく、たまねぎは薄切りに、ピーマンは細切りにする。

❷さけは両面に塩・こしょうで下味をつけ、小麦粉をまぶす。

❸フライパンに油を熱し、❷の両面を焼く。Ⓐを加え、ひと煮立ちさせ、器に盛る。

❹❸のフライパンでにんにく、たまねぎ、ピーマンを炒め、❸にかける。

1品で野菜もたんぱく質も
しっかり補給できる！
220
kcal

# まぐろ

「まぐろ」が泳ぎ続けられるのは、イミダペプチドという疲労回復に効果のある成分のためです。また、「まぐろ」は高たんぱくで低脂肪という特徴があります。

## ここがスゴイ！

### 1. 高たんぱく&低カロリー

まぐろはトロではなく、赤身をチョイス。赤身のカロリーの低さは魚介類でNo.1です。

### 2. 貧血予防・回復に最適

吸収のよいヘム鉄とたんぱく質が同時に摂取できるので、貧血に効果的です。

### 3. 疲労回復に効果大！

まぐろに多く含まれるイミダペプチドという成分には、疲労回復の効果があります。

**100gあたりの栄養価**

［くろまぐろ・赤身・生］

| | |
|---|---|
| エネルギー | 125kcal |
| たんぱく質 | 26.4g |
| 脂質 | 1.4g |
| 炭水化物 | 0.1g |

**多く含まれる栄養素**

たんぱく質　DHA EPA　鉄　イミダペプチド

## 上手なとり方

その①

万能食材のまぐろは、疲労回復、貧血予防、免疫力アップ、脳の活性化などに効果があるため、定期的にとりましょう。

まぐろのソテー

その②

しそ

ブロッコリーなどビタミンCと一緒に食べると、鉄の吸収がアップします。まぐろの刺身を食べるときは、しそを一緒に食べましょう。

## こんなときにおすすめ！

◎ 体脂肪を落としたいとき

◎ 貧血の予防・改善したいとき

◎ 筋力をつけたいとき

**豆知識**

身体づくりや疲労回復、免疫力アップなど、まぐろはあらゆる面で効果がある食材です。選ぶ魚に迷ったときはまぐろ！　というほどの万能食材です。

動物と植物たんぱくを
同時に補給できる優れもの！
205
kcal

# まぐろ納豆

筋肉づくり　血液づくり　夏バテ予防・回復　疲労回復　骨強化　免疫力 UP

《材料》2人分

・**まぐろ（刺身用さく）160g**・あさつき 20g・納豆 80g（1パック）・黒ごま 小さじ2・しょうゆ 少々

《つくり方》

❶ まぐろは一口大に切り、あさつきは小口切りにする。
❷ ボウルにまぐろと納豆を入れてよく混ぜ、あさつき、黒ごま、しょうゆを加える。
❸ 器に盛りつけ、あさつきを散らす。

**Point**

体脂肪が気になるときや、オフシーズンの選手は、赤身を使いましょう。納豆が味わいを深くしてくれるので、コクは十分です。

# まぐろの角煮

筋肉づくり　血液づくり　夏バテ予防・回復　疲労回復　免疫力 UP

《材料》2人分

・**まぐろ（切り身）200g**・しいたけ 2枚（15g）・ねぎ 60g・Ⓐ［酒 1カップ／みりん 大さじ4／しょうゆ 大さじ4／しょうが 2片／水 1カップ］

《つくり方》

❶ まぐろを一口大に切る。しいたけとねぎは食べやすい大きさに、しょうがはせん切りにする。
❷ 鍋に水（分量外）を入れ沸騰したら、まぐろを入れて表面の色が変わる程度にゆで、水にとってざるにあげる。
❸ 鍋にⒶの材料を入れて沸騰したら、まぐろ、しいたけ、ねぎを加え10分ほど煮込む。

血液のもとになる
たんぱく質が豊富！
360
kcal


◀◀ 次ページにつづく

さっぱりしがちな魚料理も
野菜をのせてボリュームアップ
259
kcal

# まぐろのソテー せん切り野菜のせ

筋肉づくり　血液づくり　夏バテ予防・回復
疲労回復　免疫力 UP　骨強化

《材料》2人分

●**まぐろ（ブロック）200g** ●塩・こしょう 各少々 ●みつば 40g ●にんじん 20g ●もやし 40g ●油 小さじ1 ●黒ごま、白ごま 各小さじ4 ●Ⓐ［酒、みりん 大さじ1／しょうゆ 小さじ2］

《つくり方》

❶まぐろの両面に塩・こしょうをふる。
❷みつばとにんじんはせん切りにし、もやしと一緒にさっとゆでる。
❸フライパンに油をひいて熱し、火が通るまで❶を焼く。
❹器に❸を盛り、❷をのせたあと、ごまとⒶの材料をまぜたものをかける。

---

# まぐろステーキ ポン酢ソース

筋肉づくり　血液づくり　夏バテ予防・回復
疲労回復　免疫力 UP

《材料》2人分

●**まぐろ（ブロック）300g** ●にんにく 1片 ●おくら 6本 ●たまねぎ 60g ●だいこん 60g ●油 小さじ1 ●ポン酢 大さじ4 ●ラディッシュ 適宜

《つくり方》

❶にんにくはみじん切りに、おくらは輪切りにする。たまねぎとだいこんはすりおろす。
❷油を熱したフライパンでにんにくとまぐろを炒める。
❸ボウルにおくら、たまねぎ、だいこんを入れ、ポン酢を加えて混ぜあわせる。
❹器に❷を盛り、❸をかける。お好みでラディッシュを飾る。

おろしたまねぎのソースで
栄養価をアップさせる！
253
kcal

卵とまぐろを組み合わせて
さらに身体を強化！
311
kcal

# まぐろユッケ

筋肉づくり 血液づくり 夏バテ予防・回復 疲労回復 免疫力 UP

《材料》2人分

• **まぐろ（刺身用さく）200g** • サニーレタス 4枚 • しそ 6枚 • たまねぎ 1/2個（100g） • Ⓐ［コチュジャン 大さじ1／しょうゆ、酢、ごま油 各小さじ2／砂糖 少々／おろしにんにく 適量］ • 卵黄 2個分 • いりごま（白）小さじ2

《つくり方》

1. まぐろは一口大の角切りにする。
2. サニーレタスは食べやすい大きさに切り、しそは細切りにする。たまねぎは薄切りにし、水（分量外）にさらす。
3. ボウルでⒶを混ぜ、1を加えて和える。
4. 器にサニーレタス、しそ、たまねぎ、3の順にのせる。
5. まぐろの上に卵黄をのせ、いりごまをふる。

---

# まぐろのにんにく炒め

筋肉づくり 血液づくり 夏バテ予防・回復 疲労回復 免疫力 UP

《材料》2人分

• **まぐろ（切り身）300g** • にんにくの芽 80g • ごま油 適量 • おろしにんにく 少々 • もやし 60g • 塩・こしょう 各少々

《つくり方》

1. まぐろの切り身は一口大に、にんにくの芽は3cm長さに切る。
2. フライパンにごま油を熱し、おろしにんにくを加えて香りが出るまで炒める。
3. 2にまぐろ、にんにくの芽、もやしを加えて炒め、塩・こしょうで味をととのえる。

にんにくと組み合わせて疲
労回復効果アップ！
364
kcal

# あじ

味がよいから「あじ」と名づけられたといわれる魚だけあって、たんぱく質とうま味成分のバランスが◎。生活習慣病を予防・改善する栄養素も豊富です。

### 上手なとり方

梅煮や焼き魚にレモン、といった常識になっている組み合わせは、実は栄養素の吸収にも効率がよいといわれています。あじも梅干しやレモンなどと一緒にとりましょう。

梅干

### ここがスゴイ!

**1. 疲労回復のタウリンが豊富**

あじに含まれるタウリンが肝臓を強化し、疲労回復に効果大です。

**2. 血液がサラサラに!**

あじに含まれるEPAが血液粘度を下げ、他の栄養の取り込みもよくします。

**100gあたりの栄養価**

［まあじ・生］

| | |
|---|---|
| エネルギー | 121kcal |
| たんぱく質 | 20.7g |
| 脂質 | 3.5g |
| 炭水化物 | 0.1g |

**多く含まれる栄養素**

たんぱく質 / カルシウム / DHA EPA / タウリン

## あじのチーズ蒸し焼き

筋肉づくり　抗酸化作用　骨強化　免疫力UP

《材料》2人分

● あじ 2尾 ● 塩・こしょう 各少々 ● トマト 1/2個 ● チーズ 60g ● しょうゆ 大さじ2 ● 白ワイン 大さじ4 ● 油 小さじ1

《つくり方》

1. あじをおろしたあと、食べやすい大きさに切り、塩・こしょうをする。
2. トマトは粗みじん切りにする。
3. 油をひいて熱したフライパンで、あじの両面をさっと焼いたら、チーズとトマトをのせ、しょうゆ、ワインをふる。フタをして10分程度蒸し焼きにする。

トマトとチーズの組み合わせで食べやすくなる!
248 kcal

大根おろしで消化を促進
胃への負担もおさえる
130
kcal

## あじのおろし和え

筋肉づくり　抗酸化作用
疲労回復　免疫力 UP

《材料》2人分

・**あじ 160g**・だいこん 400g・しそ 4枚・酢 小さじ4・塩 少々

《つくり方》

1. だいこんはすりおろし、しそはせん切りにする。
2. あじは魚焼きグリルで両面を焼き、皮を取って身をほぐす。
3. ボウルに1、2、酢、塩を入れて混ぜあわせる。

Point

そのままおかずとしても、おいしく食べられますが、ごはんにのせて食べるのもおすすめ。ちらし寿司の材料にも使えます。

## あじの梅煮

筋肉づくり　抗酸化作用
疲労回復　免疫力 UP

《材料》2人分

・**あじ 2尾**・梅干し 2個・しょうが 2片・Ⓐ[しょうゆ 大さじ2／砂糖 少々／水 2カップ]

《つくり方》

1. あじは内臓をとる。梅干しは種をとり、しょうがは薄切りにする。
2. 鍋にⒶを入れて火にかけ、沸騰したら弱火にして1を加える。ときどき煮汁をあじに回しかけながら火が通るまで煮込む。

Point

コトコト煮込んでていねいにつくるとおいしさアップ！　時間がないときは圧力鍋を使うと、短時間でかんたんに骨までやわらかくなります。

骨ごと食べれば
カルシウムの補給にベスト！
186
kcal

# さんま

魚に含まれるEPAやDHAが豊富なのはもちろん、ビタミン類が多く含まれているのが特徴です。特に貧血に効くビタミン$B_{12}$は、他の魚の3倍以上です。

## ここがスゴイ！

### 1. 時期によって脂の量が違う!?

旬の時期は脂質が20％以上になることも！スポーツ選手の身体にとってはよい脂です。

### 2. ビタミン$B_{12}$で持久力UP

さんまに多く含まれているビタミン$B_{12}$は、持久力トレーニング時には特におすすめです。

### 3. 血液をサラサラに

さんまに多く含まれるEPAには血流をよくし、血栓をできにくくする効果があります。

**100gあたりの栄養価**

［さんま・生］

| | |
|---|---|
| エネルギー | 310kcal |
| たんぱく質 | 18.5g |
| 脂質 | 24.6g |
| 炭水化物 | 0.1g |

**多く含まれる栄養素**

たんぱく質　DHA、EPA　ビタミン$B_{12}$

## 上手なとり方

その①

さんまは酸化しやすい食材なので、鮮度が高いものを選びましょう。酸化した脂質は胃もたれの原因にも。口先が黄色いものは、脂がのって栄養価が高く、鮮度も抜群です。

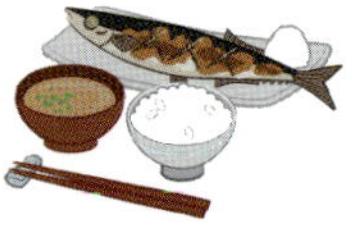

さんま定食

その②

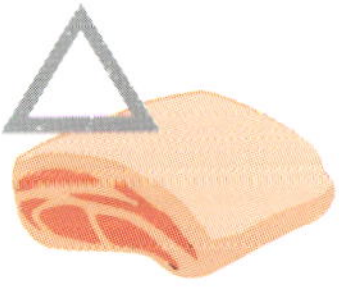

肉の脂

魚の脂質は不飽和脂肪酸といって選手はぜひとりたい脂です。逆に肉にはとりすぎに注意したい飽和脂肪酸が含まれています。

## こんなときにおすすめ！

◎ 身体をつくりたいとき

◎ 貧血の予防・改善したいとき

◎ 生活習慣病の予防・改善したいとき

### 豆知識

さんまの脂質は時期によって異なり、少ないときは5％、多いと20％にもなります。脂質は身体に悪いイメージがあり、選手もさける傾向にありますが、魚の脂は必要な脂です。

薬味が食欲を増進
さんまの臭みも抑えてくれる!
244
kcal

# さんまのなめろう

筋肉づくり　抗酸化作用　疲労回復　免疫力 UP

《材料》2人分

・**さんま 2尾** ・ねぎ 40g ・しょうが 2片 ・味噌 大さじ1 ・酢 少々 ・しそ 4枚

《つくり方》

① さんまをおろし、包丁でたたく。ねぎ、しょうがはみじん切りにする。
② ①と味噌、酢を加えてよく混ぜる。
③ 器に②を盛りつけ、細切りにしたしそをのせる。

Point

さんまの脂肪は、身体によい栄養を含む理想的な脂肪。ただし、すぐに悪くなってしまうのがネック。新鮮なものを選びましょう。

# さんまごはん

筋肉づくり　抗酸化作用　疲労回復　骨強化　免疫力 UP

《材料》2人分

・**さんま 1尾** ・しょうが 1片 ・しそ 4枚 ・みょうが 1個 ・精白米 1合 ・しょうゆ 大さじ3

《つくり方》

① さんまの頭と内蔵、尾を取りのぞき半分に切る。しょうがはみじん切りに、しそとみょうがはせん切りにする。
② 米をとぎ、さんま、しょうがをのせ、しょうゆを加えて、水はいつもの米を炊くときの分量で炊く。
③ 炊きあがったらさんまをほぐしながら、骨をとってよく混ぜる。
④ しそとみょうがを③に加え、軽く混ぜる。

材料を入れて炊くだけで
身体づくりとエネルギー補給が
かんたんにできる!
397
kcal

# さば

「さば」は貧血の予防・改善に効果的な鉄を多く含みます。鉄の吸収や脂質の代謝を高めるビタミン類も豊富なため、毎日の食事に上手に取り入れるようにしましょう。

### 上手なとり方

血合いには血液をつくる鉄やビタミンが豊富なので、捨てずに食べたいところ。ただし、腐敗しやすいので、目が澄んで身のしまった新鮮なものを選びましょう。

さば

### ここがスゴイ！

**1. 代謝を高めるビタミンB群**

脂質の代謝を高め、細胞の再生に効果的なビタミンB群が豊富なので、減量時に最適！

**2. 血合いを食べて貧血を予防**

身の中心にある血合いには鉄がたっぷり！　持久的なトレーニング時におすすめ。

**100gあたりの栄養価**

**［まさば・生］**

| | |
|---|---|
| エネルギー | 202kcal |
| たんぱく質 | 20.7g |
| 脂質 | 12.1g |
| 炭水化物 | 0.3g |

**多く含まれる栄養素**

たんぱく質　ビタミン $B_2$、$B_6$、$B_{12}$　DHA EPA

## 焼きさばのねぎダレかけ

筋肉づくり　抗酸化作用　疲労回復　免疫力UP

《材料》2人分

・**さば 200g**　・しょうが、にんにく 各1片　・ねぎ 20g　・Ⓐ［しょうゆ、酢 各小さじ2／砂糖、ごま油 各小さじ1］　・パセリ 適宜

《つくり方》

❶ しょうが、にんにく、ねぎはみじん切りにし、ボウルでⒶと混ぜあわせる。
❷ フッ素樹脂加工のフライパンでさばを両面とも焼く。
❸ 器に❷を盛り、❶をかけ、パセリを添える。

## しめさば

筋肉づくり　抗酸化作用　疲労回復　免疫力UP

《材料》2人分

・**さば 200g**　・塩 100g　・酢 2カップ　・昆布 6cm　・しょうが 2片　・レモン 1/2個

《つくり方》

❶ さばを3枚におろす。
❷ バットにさばをおき、両面に塩をふって3時間程度おいたら、水で洗う。
❸ 容器に❷を入れ、酢、昆布、しょうが、レモンを入れて30分程度漬けておく。

# いわし

DHAやEPA、タウリンなどが豊富で骨ごと食べればカルシウムの補給に。
成長期のスポーツ選手にぴったりの食材です。

### 上手なとり方

いわしに含まれるEPAやDHAなどの脂肪酸は、非常に酸化しやすいのが特徴です。新鮮なものを選び、焼いたらすぐ食べるようにしましょう。

いわし

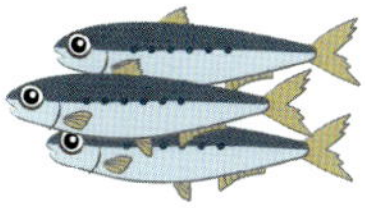

### ここがスゴイ！

**1. いわしは、泳ぐカルシウム！**

骨ごと食べれば、牛乳や乳製品に次ぐ豊富なカルシウム量で、筋肉や骨の強化に。

**2. タウリンで肝臓を強化**

コレステロールの代謝促進や、肝臓の強化に優れた効果を発揮するタウリンも豊富。

**100gあたりの栄養価**

［まいわし・生］

| | |
|---|---|
| エネルギー | 217kcal |
| たんぱく質 | 19.8g |
| 脂質 | 13.9g |
| 炭水化物 | 0.7g |

**多く含まれる栄養素**

たんぱく質　カルシウム　DHA EPA　タウリン

## いわしのスタミナたたき

筋肉づくり　抗酸化作用
疲労回復　免疫力UP

《材料》2人分

・**いわし 2尾**・にんにく 1/2片・しょうが 1片・あさつき 20g・みょうが 1個・しそ 2枚・Ⓐ［しょうゆ、酢 各小さじ1／ごま油 少々／白ごま 小さじ2］

《つくり方》

❶ いわしを3枚におろし、包丁でたたく。
❷ にんにくとしょうがをすりおろす。あさつきは小口切り、みょうがとしそはせん切りにする。
❸ ボウルにⒶの材料を合わせ、❶、❷を入れて混ぜる。

栄養価たっぷりのいわしに
薬味をのせて食欲アップ！
227
kcal

# たら

「たら」は脂肪分が少なく、加熱しても硬くならず、
消化のいい白身魚です。胃腸が弱っているときでも無理なく食べられます。

**上手なとり方**

たらに含まれている脂溶性ビタミンは、油と一緒に調理、摂取することで吸収率が高まります。

バター

バター

**ここがスゴイ!**

## 1. 高たんぱく低脂肪の優良食材!

体脂肪を落として筋肉をつくりたいときなどにおすすめの高たんぱく低脂肪の食材です。

## 2. 脂溶性ビタミンが豊富

少しの油と一緒にとれば、脂溶性ビタミンの吸収力がアップします。

**100gあたりの栄養価**

**[ まだら・生 ]**

| | |
|---|---|
| **エネルギー** | 77kcal |
| **たんぱく質** | 17.6g |
| **脂質** | 0.2g |
| **炭水化物** | 0.1g |

**多く含まれる栄養素**

- たんぱく質
- ビタミンA
- ビタミンD
- ビタミンE

# たらのピカタ

筋肉づくり　骨強化　免疫力UP

《材料》2人分

● **たら 200g** ● 塩・こしょう 各少々 ● パセリ 2g ● 卵 1個 ● 粉チーズ 大さじ2 ● バター 大さじ1 ● 小麦粉 少々

《つくり方》

❶ たらに塩・こしょうをふる。パセリはみじん切りにする。
❷ 卵と粉チーズをボウルで混ぜる。
❸ フライパンでバターを熱しておく。
❹ ❶に小麦粉をまぶし、塩・こしょうをしたたらをつけ、フライパンで焼く。
❺ 皿に盛り、きざんだパセリを散らす。

ぱさつきがちな白身魚も
ピカタでしっとり食べやすく
213
kcal

さっぱりとした汁物を添えて
満腹感のあるメニューに！
130
kcal

# たらおろし汁

筋肉づくり　免疫力 UP

《材料》2人分

●**たら 200g** ●だいこん 300g ●あさつき 20g ●だし汁［水 2カップ／和風だし 小さじ1］●味噌 24g

《つくり方》

1. たらは食べやすい大きさに切る。だいこんはすりおろし、あさつきは小口切りにする。
2. 鍋にだし汁を入れて沸騰させ、たら、だいこんおろしを入れて、さらに煮込む。
3. たらに火が通ったら、味噌を溶かし入れる。
4. 器に3を盛り、あさつきを散らす。

Point

夏の暑い日や練習量の多い日など、発汗量が多い日は、味噌を増やしてもOK。塩分を摂取することで、疲労回復に役立ちます。

---

# たらのチーズフライ

筋肉づくり　骨強化　免疫力 UP

《材料》2人分

●**たら 200g** ●塩・こしょう 各少々 ●パン粉、粉チーズ 各1/2カップ ●小麦粉 適量 ●溶き卵 1個分 ●揚げ油 適量 ●ブロッコリースプラウト 適宜

《つくり方》

1. たらは、塩・こしょうで下味をつける。
2. ボウルにパン粉と粉チーズを入れ、よく混ぜあわせる。
3. 1に小麦粉、溶き卵、2の順に衣をつけ、約180℃の油でカラッと揚げる。
4. 器に3を盛り、あればブロッコリースプラウトを添える。

たら＋チーズのフライで
たんぱく質＆ミネラルを増強
417
kcal

# ししゃも

「ししゃも」の代用品である輸入の樺太ししゃもは、日本のししゃもよりたんぱくが少なく、脂質が多いのが特徴です。脂肪が気になるときは、食べすぎに注意しましょう。

## 上手なとり方

一般的に手に入る樺太ししゃもは脂質が多いため、フライにするときなどはつけ合わせを低カロリーなものに。生野菜やゆでた野菜などがおすすめです。

ししゃも　トマト

## ここがスゴイ!

**1. カルシウムとDHAが豊富!**

ししゃも1尾(20g)で約70mgのカルシウムがとれます。DHAも多く含まれています。

**2. たんぱく質も豊富にとれる!**

ししゃもはたんぱく質が豊富なので、成長期に不足しやすい栄養素がしっかりとれます。

**100gあたりの栄養価**

［ししゃも・生］

| | |
|---|---|
| エネルギー | 166kcal |
| たんぱく質 | 21.0g |
| 脂質 | 8.1g |
| 炭水化物 | 0.2g |

**多く含まれる栄養素**

たんぱく質　カルシウム

## ししゃもフライ

筋肉づくり　骨強化　免疫力UP

《材料》2人分

- **ししゃも（大）6尾**
- 塩・こしょう 各少々
- 小麦粉、溶き卵、パン粉 各適量
- 揚げ油 適量
- トマト 100g
- レモン 適宜

《つくり方》

1. ししゃもは塩・こしょうをする。
2. 1に小麦粉、卵、パン粉の順で衣をつけ、約180℃の油でカラッと揚げる。
3. 2を器に盛り、くし形に切ったトマトとレモンを添える。

栄養価の高い魚を丸ごと食べて骨を強化!
328 kcal


**Point**

ししゃもは丸ごと食べられる魚。焼いただけでもおいしいですが、フライにするとさらに食べやすくなります。骨まで食べるのが重要!

# いか

体脂肪を落として筋力をつけたいときに、高たんぱくで低脂肪の「いか」は大活躍の食品です。よく噛むことで消化液の分泌もアップし、食べすぎを防ぐこともできます。

## 上手なとり方

いかは、加熱しすぎると固くなり、味も悪くなるので、加熱するときは強火で短時間で調理しましょう。

焼きいか

## ここがスゴイ!

### 1. いかの脂肪含量は2%!

魚介類の脂肪は5%以上なので、いかはとても低脂肪。体脂肪を落としたいときに◎。

### 2. 免疫力のアップに効果的!

ワタには免疫力に関与するビタミンAが豊富。たんぱく質と一緒にとると効果的です。

**100gあたりの栄養価**

[ するめいか・生 ]

| | |
|---|---|
| エネルギー | 88kcal |
| たんぱく質 | 18.1g |
| 脂質 | 1.2g |
| 炭水化物 | 0.2g |

**多く含まれる栄養素**

たんぱく質　タウリン　DHA EPA

## いかの塩辛

筋肉づくり　疲労回復　骨強化　免疫力UP

《材料》2人分

●**いか 1杯** ●塩 適量 ●酒 大さじ2/3 ●みりん 大さじ1/2 ●しそ1枚

《つくり方》

1. いかをワタと身に分け、胴の部分は皮をはぐ。身は食べやすい大きさに切り、ワタはやぶれないように注意する。
2. ボウルにワタを入れ、全体がかぶるように塩をかける。身はキッチンペーパーで水気を切り、それぞれ冷蔵庫に入れて1晩置く。
3. 2のワタを塩から取り出し、水洗いして水気を切り、包丁で軽くたたく。
4. ボウルに3と身、酒、みりんを加えてよく和え、冷蔵庫に入れる。好みで塩を加えてもよい。しそをのせた器に盛る。

ワタもしっかり食べて
免疫力アップ!
147
kcal

# たこ

コラーゲンを多く含む「たこ」は、ひじやひざが痛い、ねんざした……など、関節のトラブルにおすすめの食材。リハビリ中で体重増加を抑えたいときにもぴったりです。

### 上手なとり方

コラーゲンは、関節痛の改善や美肌効果が期待される成分。ビタミンCを多く含むトマト、ブロッコリーなどの野菜と一緒に食べるのがおすすめです。

トマト

### ここがスゴイ！

**1. 疲労回復に効果的**

身体や細胞を正常な状態に戻そうとするタウリンが豊富なため、疲労回復に効果的。

**2. コラーゲンを多く含む**

腱やじん帯などの結合組織を強化するコラーゲンを多く含みます。

**100gあたりの栄養価**

［まだこ・生］

| | |
|---|---|
| エネルギー | 76kcal |
| たんぱく質 | 16.4g |
| 脂質 | 0.7g |
| 炭水化物 | 0.1g |

**多く含まれる栄養素**

たんぱく質　タウリン　コラーゲン

## たこと水菜の梅しそ

関節強化　筋肉づくり　疲労回復　免疫力UP

《材料》2人分

- **たこ 200g** ・水菜 40g ・しそ 4枚 ・梅干し 2個 ・黒ごま 大さじ2 ・ポン酢 大さじ2

《つくり方》

1. たこは一口大、水菜は3cm程度の長さに切る。しそはせん切りにする。
2. ボウルにすべての材料を入れてよく混ぜる。

疲労回復だけでなく
ケガの予防＆回復にも！
155
kcal

# えび

「えび」の中でも桜えびや干しえびには、カルシウムや鉄が多く含まれています。
常備しておき、サラダやごはんなどにふりかけましょう。

## 上手なとり方

小えびなどを殻つきのまま調理をすれば、水溶性食物繊維をとることができ、便秘の解消や余分な脂の吸収を抑えられます。もちろん、カルシウムもたっぷりです。

小えび

## ここがスゴイ!

### 1. タウリンで体内機能を強化

肝機能の向上や生活習慣病の予防と改善、疲労回復などに効果的なタウリンが豊富。

### 2. アスタキサンチンで抗酸化

アスタキサンチンは活性酸素を抑制する効果に優れた成分です。積極的にとりましょう。

### 100gあたりの栄養価

［くるまえび・生］

| | |
|---|---|
| エネルギー | 97kcal |
| たんぱく質 | 21.6g |
| 脂質 | 0.6g |
| 炭水化物 | 0g |

### 多く含まれる栄養素

たんぱく質　タウリン　カルシウム　アスタキサンチン

## えび入りギョウザ

筋肉づくり　疲労回復　免疫力 UP

《材料》2人分

- **無頭えび（殻付き）60g** ・ねぎ 20g ・豚ひき肉 100g ・Ⓐ［しょうゆ、酒、酢、片栗粉 各小さじ2／しょうが汁 適量］・ギョウザの皮16枚 ・油小さじ2

《つくり方》

1. えびは殻をむいて、背ワタを除き、たたいて細かくする。ねぎはみじん切りする。
2. ボウルに❶、豚肉、Ⓐを入れてよく混ぜ、ギョウザの皮で包む。
3. フライパンに油を熱し、❷を表面の色が変わるまで焼く。

疲労回復しながら試合に
向けてエネルギーを注入!
333
kcal

# かに

「かに」の肉には、抗酸化力のあるアスタキサンチンのほか、
糖質や脂質の代謝をうながすビタミン$B_2$が多く含まれています。

**上手なとり方**

低カロリーで脂質代謝をうながすビタミン$B_2$を含むので、体重が気になるときは頻繁に取り入れるのが◎。身体を温められるかに汁は気温が低いときにおすすめの調理法です。

かに汁

**ここがスゴイ！**

**1. 高たんぱく低脂肪のヘルシー食材！**

高たんぱくで低脂肪のうえ、脂質の代謝に関与するビタミン$B_2$が多いのも◎。

**2. カルシウムで骨を丈夫に**

カルシウムは骨などを丈夫にするほか、ストレスをやわらげる働きも。

**100gあたりの栄養価**

［毛がに・生］

| | |
|---|---|
| エネルギー | 70kcal |
| たんぱく質 | 15.8g |
| 脂質 | 0.5g |
| 炭水化物 | 0.2g |

**多く含まれる栄養素**

たんぱく質　ビタミン$B_2$

## かにとちんげん菜のチリ

筋肉づくり　骨強化

《材料》2人分

● **かに（殻付き）300g** ● ちんげん菜 60g ● しょうが 2片／にんにく 1片 ● 油 小さじ2 ● Ⓐ［唐辛子 少々／チリソース 大さじ8／ケチャップ 大さじ2］

《つくり方》

1. かにとちんげん菜を食べやすい大きさに切る。しょうがとにんにくはみじん切りにする。
2. 油をひいて熱したフライパンに、しょうがとにんにく、かにを加えて炒めたあと、ちんげん菜を入れさっと炒める。
3. Ⓐの材料をあわせたものを加え、味をととのえる。

ケチャップでマイルドに
子どもでも無理なく食べられる
278
kcal

# うなぎ

非常に栄養価が高く、滋養強壮の代名詞でもある「うなぎ」は、疲労回復や夏バテの予防に最適です。運動量が多く、エネルギーが必要なときにとりたい食材です。

### 上手なとり方

疲労回復に効果的なビタミン$B_1$は、ねぎやたまねぎ、にんにくなどと一緒にとると◎。脂質が気になるときは白焼きがおすすめです。

ねぎ

### ここがスゴイ！

**1. 滋養強壮の代名詞**

たんぱく質や脂質、ビタミンなどの栄養価が高いため、身体づくりや疲労回復に。

**2. 免疫力アップに！**

うなぎの肝には、ビタミンAが含まれていて、免疫力アップにつながります。

**100gあたりの栄養価**

［うなぎ・生］

| | |
|---|---|
| エネルギー | 255kcal |
| たんぱく質 | 17.1g |
| 脂質 | 19.3g |
| 炭水化物 | 0.3g |

**多く含まれる栄養素**

- たんぱく質
- ビタミン$B_1$
- DHA EPA
- 脂質

## うなたま

筋肉づくり　疲労回復　夏バテ予防・回復　免疫力UP

《材料》2人分

- **うなぎの蒲焼 200g** ・ごぼう 100g ・Ⓐ［水 1カップ／めんつゆ 1/4カップ／三温糖 大さじ1／みりん 大さじ2］・卵 2個 ・のり 適量 ・みつば 6g

《つくり方》

1. うなぎを一口大に切る。ごぼうはささがきにして水にさらしておく。
2. 鍋にⒶの材料とごぼうを入れ、煮立ったらうなぎを加える。
3. ②に卵をまわし入れる。
4. 器に盛りつけたら、のりとみつばを飾る。

栄養価の高いうなぎに卵を加えてもっと強く！

420 kcal

# かき

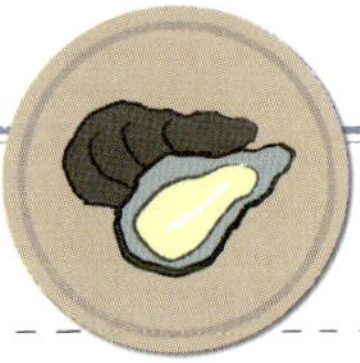

「海のミルク」ともいわれる「かき」は、海の幸を凝縮させた栄養豊富な食材です。グリコーゲンは冬は夏の 10 倍にも。旬の時期には特に食べたい食材です。

## 上手なとり方

かきには造血に欠かせない鉄が豊富。レモンをかけたりビタミンCの多いトマトやブロッコリーと一緒に食べましょう。

レモン

## ここがスゴイ！

### 1. ミネラルが豊富

貧血を予防する鉄をはじめ亜鉛も豊富。亜鉛は不足すると免疫低下と味覚障害になるので、注意。

### 2. 傷の回復を促進する

すり傷などを回復するために必要なたんぱく質と亜鉛が同時にとれるのがうれしい食材です。

**100gあたりの栄養価**

［かき・生］

| | |
|---|---|
| エネルギー | 60kcal |
| たんぱく質 | 6.6g |
| 脂質 | 1.4g |
| 炭水化物 | 4.7g |

**多く含まれる栄養素**

たんぱく質 / 鉄 / 炭水化物 / 亜鉛

## かきフライ

疲労回復 / 骨強化 / 免疫力 UP

《材料》2人分

・**かき 10個** ・塩・こしょう 各少々 ・レモン 1/2個 ・小麦粉 適量 ・溶き卵 1個分 ・パン粉 適量 ・揚げ油 適量 ・サラダ菜 4枚

《つくり方》

1. かきはよく洗い、塩・こしょうをする。レモンは厚めのくし型に切る。
2. かきに小麦粉、溶き卵、パン粉の順につけたら、約180℃の揚げ油でカラッと揚げる。
3. 器にサラダ菜を敷き、2を並べ、レモンを添える。

亜鉛含有量ナンバーワン！
かきがケガの回復を早める！
351 kcal

**Point**

レモンでさっぱり食べるのがおすすめ。ソースをかけるとカロリーがアップしてしまうので、体脂肪が気になるときは注意が必要です。

# ほたて

高たんぱくでその量は他の貝の 2 倍にも！　さらに低脂肪なこともうれしい。
疲れた身体を、内側から元気にしてくれる食材です。

## 上手なとり方

ほたての中でも貝柱は特に高たんぱくで低脂肪な部分。乳製品と一緒にとれば、さらにたんぱく質の補給ができますが、加熱しすぎると風味が落ちるので注意が必要です。

牛乳

牛乳

## ここがスゴイ！

### 1. タウリンで疲労回復!

もともと魚介類に多く含まれるタウリンですが、ほたての含有量はトップクラス！

### 2. 高たんぱく&低脂肪

脂質の代謝をうながすビタミン$B_1$が多く、体脂肪を落として筋肉をつけたい選手に最適。

### 100gあたりの栄養価

**［ ほたて・生 ］**

| | |
|---|---|
| エネルギー | 72kcal |
| たんぱく質 | 13.5g |
| 脂質 | 0.9g |
| 炭水化物 | 1.5g |

### 多く含まれる栄養素

たんぱく質 / タウリン / 鉄 / ビタミン$B_1$ / 亜鉛

## ほたてシチュー

筋肉づくり　疲労回復　骨強化　免疫力 UP

《材料》2人分

- **ほたて（冷凍）300g** ・にんじん 40g ・じゃがいも 100g ・たまねぎ 100g ・ブロッコリー 60g ・油 小さじ1 ・Ⓐ［牛乳 2カップ／水 1カップ／バター 大さじ1/2 ／顆粒コンソメスープの素 小さじ2 ／塩・こしょう 各少々］

《つくり方》

1. にんじん、じゃがいもは食べやすい大きさに切る。たまねぎはくし型に切る。
2. ブロッコリーは小房に分けて、ゆでる。
3. 鍋に油を熱し、ほたて、❶を入れて炒め、Ⓐを加えて10分ほど煮込む。
4. 材料がやわらかくなったら、❷を加えて軽く混ぜる。

高たんぱく低脂肪のほたてをシチューに活用！
370 kcal

# あさり

「あさり」の美味しい季節は冬から春にかけて。身がふっくらとし、うま味成分のコハク酸が増加しています。調理の前に塩水に３〜４時間ほど入れ砂抜きを！

### 上手なとり方

あさりは煮ると栄養成分が出てしまうので、スープにするなど煮汁を上手く使いましょう。貧血が気になるときは、ビタミンCを含む野菜やフルーツと一緒に。

キャベツ

### ここがスゴイ！

**1. 造血に必要な栄養が豊富**

血液をつくる鉄やビタミン$B_{12}$が豊富なので、貧血や低血圧に最適の食材です。

**2. うま味のコハク酸が多い**

コハク酸は酒の味の決め手にもなる成分。このうま味成分があさりを美味しくしています。

**100gあたりの栄養価**

［ あさり・生 ］

| | |
|---|---|
| エネルギー | 30kcal |
| たんぱく質 | 6.0g |
| 脂質 | 0.3g |
| 炭水化物 | 0.4g |

**多く含まれる栄養素**

たんぱく質　鉄　ビタミン$B_{12}$　タウリン

## あさりの酒蒸し

筋肉づくり　血液づくり
疲労回復　免疫力UP

ビタミンCの多い野菜で
栄養の吸収アップを目指す
163
kcal

《材料》２人分

●**あさり（殻付き）**200g ●菜の花 60g ●にんにく 2片 ●あさつき 6g ●油 小さじ1 ●酒 1カップ ●しょうゆ 小さじ2 ●ごま油 小さじ2

《つくり方》

1. あさりを塩抜きする。
2. 菜の花をさっとゆでて、3cm程度の長さに切る。にんにくはみじん切り、あさつきは小口切りにする。
3. 油をひいて熱したフライパンで、にんにくとあさりをさっと炒めたら、酒としょうゆを入れてフタをする。口がひらいたら、菜の花とごま油を加える。
4. 器に❸を盛りつけたら、あさつきを散らす。

# しじみ

肝臓はエネルギーとなるグリコーゲンの貯蔵タンク。また解毒作用もあるため、しじみのアミノ酸やビタミンはその働きを活発にします。

## 上手なとり方

鉄やカルシウムなど、選手に不足しがちなミネラルが豊富です。汁ものとして食べれば水分や塩分も一緒にとることができ、発汗で失われる成分もしっかり補給できます。

味噌汁

## ここがスゴイ！

### 1. 肝臓にいい成分が豊富

二日酔いにしじみが効くのは、アルコールを分解するメチオニンとアラニンのおかげ。

### 2. 貧血におすすめの食材

しじみに含まれる鉄と、その吸収を助けるビタミン$B_{12}$で、貧血の予防や回復ができます。

**100gあたりの栄養価**

**［しじみ・生］**

| | |
|---|---|
| **エネルギー** | 51kcal |
| **たんぱく質** | 5.6g |
| **脂質** | 1.0g |
| **炭水化物** | 4.3g |

**多く含まれる栄養素**

たんぱく質　タウリン　鉄　カルシウム

## しじみのスタミナスープ

筋肉づくり　血液づくり　疲労回復　免疫力UP

《材料》2人分

● **しじみ 100g** ● 木綿豆腐 100g ● だいこん 40g ● ねぎ 20g ● にんにく 1片 ● 水 2カップ ● Ⓐ［唐辛子 少々／コチュジャン 小さじ2／酒 大さじ2／しょうゆ 大さじ2／塩 少々］

《つくり方》

1. 豆腐、だいこん、ねぎを食べやすい大きさに切る。にんにくは薄切りにする。
2. 鍋ににんにくと水を入れて沸騰したら、しじみとだいこんを加える。
3. だいこんがやわらかくなったら豆腐を加え、沸騰したらⒶの材料を合わせたものを入れる。ひと煮立ちしたら、ねぎを加える。

煮汁にも栄養たっぷり
スープにすることで
逃さずに吸収できる！
148
kcal

# わかめ

「わかめ」にはカルシウムが豊富です。そのため、乳製品が苦手な選手のカルシウム補給にぴったりの食材。ノンカロリーなのも魅力です。

**上手なとり方**

酢の物やみそ汁などに入れて上手にカルシウムを摂取するようにしましょう。手軽なサラダにしても柔らかく、食べやすいのでおすすめです。

わかめサラダ

**ここがスゴイ！**

**1. カルシウムが豊富**

カルシウムをはじめ、ヨウ素やカリウムなどのミネラルが多く含まれています。

**2. うれしいノンカロリー食材**

身体にいい栄養成分を持ちながらノンカロリー！　豊富な食物繊維はダイエットにも◎。

**100gあたりの栄養価**

**［わかめ・生］**

| | |
|---|---|
| エネルギー | 16kcal |
| たんぱく質 | 1.9g |
| 脂質 | 0.2g |
| 炭水化物 | 5.6g |

**多く含まれる栄養素**

カルシウム　カリウム　食物繊維　ビタミンA　ヨウ素

## 海鮮生春巻き

筋肉づくり　体脂肪ダウン

《材料》2人分

- **わかめ（もどしたもの）40g**
- かいわれ大根 20g
- えび（殻つき）120g
- 生春巻きの皮 2枚
- たれ［トマトケチャップ 大さじ1／しょうゆ 大さじ2］

《つくり方》

1. わかめはみじん切りにする。かいわれは切っておく。
2. えびは殻をむいて、背ワタを取り除き、さっとゆで、縦半分に切る。
3. 生春巻きの皮はぬるま湯につけてもどし、具材をのせて巻く。

## わかめの酢味噌和え

体脂肪ダウン　疲労回復

《材料》2人分

- **わかめ（もどしたもの）40g**
- かにかま 6本
- にら 20g
- 酢 大さじ2
- 味噌 大さじ1
- 塩 少々

《つくり方》

1. わかめを食べやすい大きさに切ったあと、湯通しする。かにかまはほぐす。
2. にらはゆでて、3cm程度の長さに切る。
3. ボウルにすべての材料を入れてよく混ぜる。

# ひじき

「ひじき」はスポーツ選手にとって必要なミネラルの宝庫といえます。
たくさん食べても低カロリーのうえ、不溶性食物繊維を多く含んでいます。

### 上手なとり方

干しひじきは、たっぷりの水に20～30分浸しましょう。もどすと4～5倍の量に増えます。低カロリーなので、体脂肪が気になるときはどんどん取り入れて。

ひじき煮付け

### ここがスゴイ！

**1. ミネラルの宝庫!**

ミネラルが豊富でありながら低カロリー。食べすぎても心配ありません。

**2. 豊富な不溶性食物繊維**

水に溶けない不溶性の食物繊維はごぼうの5倍。肥満予防やダイエットに効果的。

**100gあたりの栄養価**

［ 干しひじき ］

| | |
|---|---|
| エネルギー | 139kcal |
| たんぱく質 | 10.6g |
| 脂質 | 1.3g |
| 炭水化物 | 56.2g |

**多く含まれる栄養素**

食物繊維　鉄　カルシウム

## ひじきふりかけ

血液づくり　体脂肪ダウン

《材料》4回分

・干しひじき 50g ・白ごま 小さじ1 ・酒 大さじ1 ・めんつゆ 大さじ2 ・ごま油 小さじ1

《つくり方》

❶ 水でもどした干しひじきをきざむ。
❷ 鍋に❶を入れて、水気が少し残るまで炒めたら、ごまを加えてさらに炒める。
❸ ❷にすべての調味料を加え、さっと炒めたら、容器に入れてよく混ぜる。

## ひじきサラダ

血液づくり　体脂肪ダウン

《材料》2人分

・干しひじき 10g ・パプリカ（赤、オレンジ）各10g ・にんにく 2片 ・ごま油 小さじ1 ・Ⓐ［酒 小さじ2／しょうゆ 少々／酢 小さじ2］

《つくり方》

❶ 干しひじきを水でもどす。
❷ パプリカをせん切りに、にんにくはみじん切りにする。
❸ フライパンにごま油をひいて熱し、にんにくを炒めたら、ひじきとパプリカを加え、さらにⒶを加え味をととのえる。

# もずく

「もずく」に含まれるぬるぬる成分のフコイダンは、コレステロールや中性脂肪を下げ、血糖値の上昇を抑制し、免疫力を高めてくれます。

### 上手なとり方

体脂肪が気になる選手は食事の最初にとることが大事。酢を使って調理すると食物繊維がやわらかくなり、ぬめり成分のフコイダンがより摂取しやすくなります。

酢

酢

### ここがスゴイ!

**1. ぬめり成分のフコイダンに注目!**

フコイダンは血液をサラサラにして血糖値を抑制し、免疫力を高める注目の成分です。

**2. 胃腸を健康に保つ**

もうひとつのぬめり成分・アルギン酸には胃腸を健康にし、コレステロールを下げる作用があります。

**100gあたりの栄養価**

[ もずく・海藻塩ぬき ]

| | |
|---|---|
| エネルギー | 4kcal |
| たんぱく質 | 0.2g |
| 脂質 | 0.1g |
| 炭水化物 | 1.4g |

**多く含まれる栄養素**

食物繊維

## もずく酢のサラダ

血液づくり　体脂肪ダウン　疲労回復

《材料》2人分

- **もずく酢（市販のもの）2個**
- ほうれん草40g
- ミニトマト6個

《つくり方》

1. ほうれん草はゆでて水気を切り、3cm程度の長さに切る。ミニトマトは半分に切る。
2. ボウルにすべての材料を入れ、よく混ぜる。

手早く疲労回復したいときのおすすめメニュー！
62 kcal

**Point**

市販のもずく酢を使ったレシピ。市販のものでも酢の種類で味が大きく変わるので、お好みのものを選んで調理してください。

# のり

全体の 70% を占めるほどミネラルが豊富なため、
海の緑黄色野菜といわれている「のり」。手軽に摂取できる健康食品です。

## 上手なとり方

のりをたくさん食べることはできませんが、常備していろいろなものにかけたり巻いたりしてこまめにとり、ミネラルを補給しましょう。

おにぎり

## ここがスゴイ!

**1. 低カロリーで食物繊維が豊富!**

のり(タテ21cm×ヨコ19cm)1枚はわずか7kcal。また食物繊維を多く含むので、体脂肪を落としたいときにおすすめです。

**2. ミネラルがたっぷり**

のりには、発汗などで失われるカリウムなどのミネラルがたっぷり含まれています。

**100gあたりの栄養価**

[ 干しのり ]

| | |
|---|---|
| エネルギー | 173kcal |
| たんぱく質 | 39.4g |
| 脂質 | 3.7g |
| 炭水化物 | 38.7g |

**多く含まれる栄養素**

ビタミンA　カルシウム　食物繊維　カリウム　鉄　ビタミンK

## のりスープ

体脂肪ダウン　夏バテ予防・回復

かんたんにできるのに
満腹感のある一品!

《材料》2人分

- **のり(タテ21cm×ヨコ19cm)2枚**
- あさつき 20g
- 水 300ml
- 昆布茶 小さじ1
- 春雨 20g

《つくり方》

1. のりをちぎる。あさつきは小口切りにする。
2. 鍋に水を入れて、沸騰したら昆布茶とのり、春雨を入れ、ひと煮立ちさせる。
3. 器に盛りつけ、あさつきを散らす。

**Point**

のりは水分を含むと、しけって風味が弱くなってしまいます。そんなときは、コンロの火で軽くあぶってから使うと風味が取り戻せます。

# 缶詰め

缶詰めは日持ちし、手軽に魚がとれることもあり、常備しておきたい食材。特にツナ缶は淡白な味でクセがなく、和洋中どんな料理にもよく合います。

## 上手なとり方

缶詰めの塩分は、発汗量の多いときには必要です。どうしても気になる場合は、さっと湯通ししてから使いましょう。また、油分が気になる場合はノンオイルをセレクト。

ツナ缶

## ここがスゴイ！

**1. 骨や血液をつくる！**

筋肉や骨、血液の材料が手軽にとれるので、身体づくりに役立ちます。

**2. 種類次第で効果が得られやすい**

缶詰めの種類はさば缶は鉄、さけ缶はカルシウムなどの効果で選びましょう。

**100gあたりの栄養価**

［さば缶・みそ煮］

| | |
|---|---|
| エネルギー | 217kcal |
| たんぱく質 | 16.3g |
| 脂質 | 13.9g |
| 炭水化物 | 6.6g |

**多く含まれる栄養素**

たんぱく質 ※種類によって栄養素が異なる

## さんま蒲焼丼

エネルギー補給　筋肉づくり　集中力UP　骨強化

食が進まないときは栄養価が凝縮された缶詰めを活用！

《材料》2人分

● **さんま蒲焼（缶詰め）1缶** ●酒 大さじ1 ●だいこん（おろしたもの）100g ●ごはん360g ●しらす干し30g

《つくり方》

1. フッ素樹脂加工のフライパンで汁を切ったさんま蒲焼をほぐしながら炒め、酒とだいこんおろしを加えて全体を炒めあわせる。
2. 器にごはんを盛り、❶をのせる。
3. ❷にしらす干しをのせる。

**Point**

缶詰めの元の味をいかしたレシピ。調味料はほとんど使っていません。十分に味が出ているので、余計な塩分を増やすのはさけましょう。

身体づくりに必要な
たんぱく質がしっかり！
242
kcal

# ツナとマカロニのサラダ

エネルギー補給　筋肉づくり
免疫力UP

《材料》2人分

●**ツナ（缶）60g** ●パセリ 6g ●マカロニ 20g ●うずらの卵 6個 ●マヨネーズ 大さじ2 ●塩・こしょう 少々

《つくり方》

1. パセリをみじん切りにする。
2. うずらの卵とマカロニを、それぞれゆでる。
3. ボウルにすべての材料を入れ、よく混ぜる。

**Point**

オイル入りのツナ缶だと、コクが出てまろやかな味わいに。ただし、体脂肪が気になるときは、ノンオイルのツナ缶を使いましょう。

---

# さば缶チゲ

筋肉づくり　血液づくり
疲労回復　免疫力UP

《材料》2人分

●**さば（缶）1缶（200g）** ●キャベツ 60g ●水 600ml ●にんにく・しょうが 各2片 ●中華だし 小さじ1 ●キムチ 100g ●あさつき 20g●唐辛子（乾燥・輪切り）少々

《つくり方》

1. キャベツを食べやすい大きさに切る。あさつきは小口切りにする。
2. 鍋に水を入れ沸騰したら、うす切りにしたにんにくとしょうがと中華だしを入れる。
3. 2にキムチを入れスープができたら、キャベツとさばを汁ごと入れて15分ほど煮込む。
4. 器に盛りつけたらあさつきを散らし、お好みで唐辛子を加える。

缶詰めは意外と
鍋にぴったり
深みのある味わいが◎
262
kcal

# 練り製品

魚介類は摂取しにくいイメージがありますが、魚肉ソーセージやかまぼこも魚介類です。手軽に食べられるソーセージは身体づくりのたんぱく源に！

### 上手なとり方

低脂肪＆低カロリーなので、身体づくり中のたんぱく源としておすすめです。また、常温で持ち運びができ、移動中などにそのまま食べられるところも利点といえます。

魚肉ソーセージ

### ここがスゴイ！

**1. 手軽でヘルシーな食材**

主材料が魚肉（おもにスケトウダラ）のため、低脂肪＆低カロリーで高たんぱくです。

**2. 含有成分が選べる**

メーカーによっては腱や靭帯などを補強するコラーゲン、DHAやEPAが豊富なものも。

**100gあたりの栄養価**

［ 魚肉ソーセージ ］

| | |
|---|---|
| エネルギー | 161kcal |
| たんぱく質 | 11.5g |
| 脂質 | 7.2g |
| 炭水化物 | 12.6g |

**多く含まれる栄養素**

たんぱく質

※種類によって栄養素が異なる

## おでん

関節強化　筋肉づくり　免疫力UP

《材料》2人分

- **ちくわ 2本** - **はんぺん 1枚（100g）** - こんにゃく 40g - **魚肉ソーセージ 4本** - Ⓐ［こんぶ 2本／水 2カップ／しょうゆ 小さじ2／酒 大さじ2／みりん 小さじ2／だし 小さじ2］

《つくり方》

❶ 鍋にⒶの材料を入れてだし汁をつくる。
❷ ちくわ、はんぺん、こんにゃくを食べやすい大きさに切り、ソーセージには切り込みを入れる。❶に入れて煮込む。

## ささかまのしそチーズ焼き

関節強化　筋肉づくり
骨強化　免疫力UP

《材料》2人分

- **ささかまぼこ 4枚** - しそ 4枚 - スライスチーズ 2枚

《つくり方》

❶ ささかまぼこに斜めに切り込みを入れて、しそとチーズをはさみ込む。
❷ フライパンで、❶を両面さっと焼く。

Chapter.5

# 卵・乳製品・豆類

卵、乳製品、豆には、スポーツ選手の身体を強化するための
良質なたんぱく質が豊富に含まれています。
特に乳製品に含まれるカルシウムは、
吸収がよいカルシウムなので、
毎日取り入れる習慣をつけましょう。

# 卵・乳製品・豆類

## 特徴

1. 卵・乳製品・豆類はたんぱく質を多く含む食材
2. 卵はアミノ酸の組成がよく、良質たんぱく質といわれる
3. 豆は植物性たんぱく質を多く含む食材の代表
4. 乳製品はたんぱく質だけでなく吸収のよいカルシウムを含む

## 上手なとり方

### 【卵】

卵は良質のたんぱく質を含みます。アレルギーでなければ１日１個は必ず食べたい食品。ビタミンＣと食物繊維を含まないので、野菜と一緒にとるのがおすすめ。

例 卵を単品ではなく…

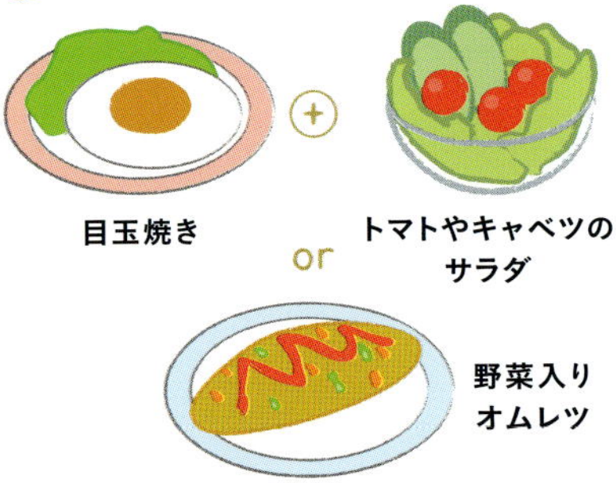

目玉焼き
+
トマトやキャベツのサラダ
or
野菜入りオムレツ


### 【納豆】

納豆は植物たんぱく質の補給に最適な食材。また、納豆以外の豆類もアミノ酸のリジンが多く、これは米に不足しているので、豆と米を一緒にとるとアミノ酸を有効活用できます。

例 ごはんには…

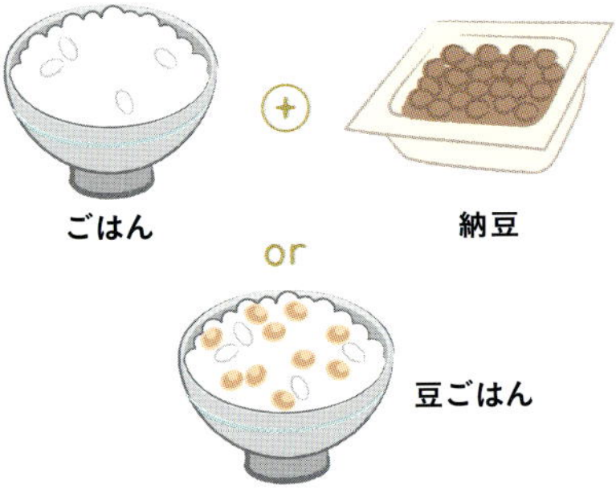

ごはん
+
納豆
or
豆ごはん


### 【乳製品】

牛乳はカルシウムの中でも特に吸収のよい、良質なカルシウムを含みます。身体を強化したいときは、毎食とりたい食材です。また、種類も豊富なので目的に合わせて使い分けられるのも魅力。

例 体脂肪が気になる選手は…

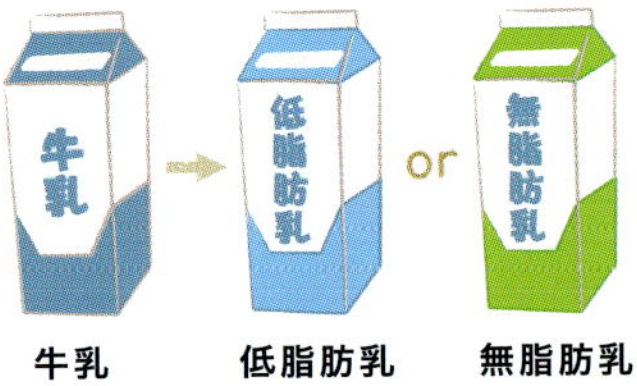

牛乳
低脂肪乳
or
無脂肪乳
牛乳
低脂肪乳
無脂肪乳


#### → プロテインの成分

市販のプロテインは、原料が大豆の「ソイプロテイン」と牛乳の「ホエイプロテイン」に大別されます。ホエイプロテインのほうが、効率的です。

## ● おもな卵･乳製品･豆類の栄養価（100g あたり）

※下記に掲載した栄養素で、数値がいちばん高いものを太字にしています。

| | | エネルギー (kcal) | たんぱく質 (g) | 脂質 (g) | 炭水化物 (g) | カルシウム (mg) | 鉄 (mg) | ビタミン $B_1$ (mg) | ビタミン $B_2$ (mg) |
|---|---|---|---|---|---|---|---|---|---|
| 卵 | 卵 | 151 | 12.3 | 10.3 | 0.3 | 51 | 1.8 | 0.06 | 0.43 |
| 乳製品 | 牛乳 | 67 | 3.3 | 3.8 | 4.8 | 110 | Tr | 0.04 | 0.15 |
| | プレーンヨーグルト | 62 | 3.6 | 3.0 | 4.9 | 120 | Tr | 0.04 | 0.14 |
| | プロセスチーズ | 339 | 22.7 | 26.0 | 1.3 | 630 | 0.3 | 0.03 | 0.38 |
| | 粉チーズ | **475** | **44.0** | **30.8** | 1.9 | **1300** | 0.4 | 0.05 | **0.68** |
| | カッテージチーズ | 105 | 13.3 | 4.5 | 1.9 | 55 | 0.1 | 0.02 | 0.15 |
| 豆製品 | 木綿豆腐 | 72 | 6.6 | 4.2 | 1.6 | 120 | 0.9 | 0.07 | 0.03 |
| | 絹豆腐 | 56 | 4.9 | 3.0 | 2.0 | 43 | 0.8 | 0.10 | 0.04 |
| | 納豆 | 200 | 16.5 | 10.0 | 12.1 | 90 | 1.9 | 0.07 | 0.56 |
| | きなこ | 437 | 35.5 | 23.4 | **31.0** | 250 | **9.2** | **0.76** | 0.26 |

※文部科学省・科学技術・学術審議会資源調査分科会「日本食品標準成分表」より
※ Tr … 数値が微量のもの。含まれてはいるが成分の記載限度に達していないもの（Tr=Trace）

**Point**

→ 卵はたんぱく質だけでなく、鉄やカルシウム、ビタミンも含まれる。
→ 成長に関与するビタミン $B_2$ は、牛乳から発見されたビタミン。
→ チーズは意外に高脂肪。脂肪が気になる選手はカッテージチーズがおすすめ。
→ 粉チーズはたんぱく質やカルシウムの手軽な供給源に。
→ 木綿豆腐はたんぱく質やカルシウムなどの
身体づくりの栄養素が絹豆腐よりも多い。

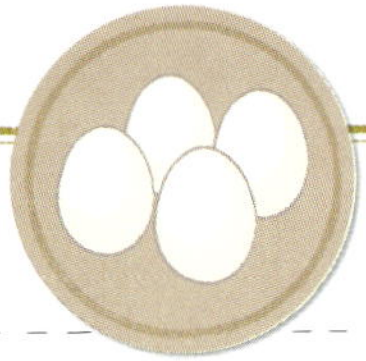

# 卵

貴重なたんぱく源として、さまざまな料理にも使用される卵。
良質のアミノ酸を含むので、完全食品ともいわれています。

## ここがスゴイ！

### 1. バランスのよい完全食品

アミノ酸のバランスがよい卵は、完全食品といわれています。

### 2. たんぱく質が豊富

卵に含まれる良質のたんぱく質が、筋肉、骨、血液など身体を効率よくつくります。

### 3. コレステロールを抑える

卵に含まれるレシチンにはコレステロールの抑制効果もあります。

**100gあたりの栄養価**

［全卵・生］

| | |
|---|---|
| エネルギー | 151kcal |
| たんぱく質 | 12.3g |
| 脂質 | 10.3g |
| 炭水化物 | 0.3g |
| ビタミン $B_1$ | 0.06mg |

**多く含まれる栄養素**

たんぱく質
ビタミンA
ビタミンD
ビタミン $B_2$
鉄

## 上手なとり方

その1

ゆで卵にして食べる場合、ゆですぎると消化が悪くなってしまいます。あまりゆですぎず、半熟くらいがベスト。適度な量を摂取しましょう。

ゆで卵

その2

半熟卵

生卵、半熟卵、ゆで卵の中で、最も消化がよいのは半熟卵です。疲労感が強いときなどは、消化のよい半熟状態でとるのがおすすめです。

### こんなときにおすすめ！

◎ 運動後の疲労回復に
◎ 体脂肪が気になるとき
◎ 筋肉をつけたいとき

**豆知識**

卵に含まれるレシチンは、コレステロールの抑制だけでなく脳神経などにもよい影響を与えます。卵アレルギーでない場合は、毎日必ずとるようにしましょう。

卵だけではとれない
ビタミンCをトマトで
補うベストメニュー
130
kcal

# トマトと卵の炒め物

筋肉づくり　免疫力UP

《材料》2人分

● **卵 2個** ●トマト 200g ●塩 少々 ●中華だし 小さじ1/2 ●油 小さじ1

《つくり方》

1. トマトを粗みじん切りする。
2. ボウルに卵を割って溶きほぐしたら、1と塩と中華だしを加えて混ぜる。
3. 油をひいて熱したフライパンで、2を炒める。

**Point**

卵は火を通しすぎると、ぼそぼそになり、味が落ちます。半熟をねらって少し早めに火から下ろし、余熱で火を通すのがコツ。

---

# ケランチム

関節強化　筋肉づくり　免疫力UP

《材料》2人分

● **卵 3個** ●かにかま 3本 ●あさつき 10g ●みりん 小さじ1 ●塩 少々 ●だし汁 1カップ

《つくり方》

1. かにかまを割く。あさつきは小口切りにする。
2. ボウルに卵とかにかま2本分と、みりん、塩を入れて混ぜる。
3. 鍋にだし汁を入れたら2を少しずつ加え、フタをして5分ほどおく。
4. フタを開け、かにかま1本分とあさつきを散らす。

**Point**

鍋の形状に合わせて、火加減を調整しましょう。茶碗蒸しと同様、火を通しすぎると「す」が通り、舌触りが悪くなってしまいます。

韓国風の茶碗蒸し
消化もよく食べやすい！
171
kcal

 ◀◀ 次ページにつづく

# キッシュ

筋肉づくり　体脂肪ダウン　骨強化　免疫力 UP

血液も骨もこれ一品で
強化できる
おすすめメニュー
335
kcal

《材料》2人分

・**卵 2個** ・ほうれん草 100g ・牛乳 1カップ ・Ⓐ［とけるチーズ 60g／バター 大さじ1／マヨネーズ 小さじ2／塩・こしょう 各少々］

《つくり方》

❶ ほうれん草は3cmの長さに切る。
❷ フッ素樹脂加工のフライパンで❶をさっと炒める。
❸ 耐熱皿に卵、牛乳、❷、Ⓐを入れ、よく混ぜあわせる。
❹ 約200℃のオーブンで❸を10分焼く。

**Point**

材料はあらかじめ混ぜておき、容器に入れて冷蔵庫で保存。次の日の朝焼けば、忙しい朝でも理想的な朝食が食べられますよ。

---

# チーズココット

筋肉づくり　骨強化　免疫力 UP

小さなシリコンカップで
つくればお弁当にも
ぴったりのおかずに
256
kcal

《材料》2人分

・**卵 2個** ・チーズ（ブロック）40g ・バター10g ・塩・こしょう 各少々

《つくり方》

❶ チーズは1cm大の角切りにする。
❷ 耐熱容器にアルミ皿を敷き、中央にバターとチーズをのせて卵を割り入れる。
❸ 小鍋に2cmほど水（分量外）を入れ、❷の耐熱容器を置き、火にかける。沸騰したらフタをして中火で2～3分ほど蒸す。
❹ 塩・こしょうで味をととのえる。

**Point**

焼いたときにチーズがこぼれてしまわないよう、少し大きめの皿を選びましょう。そのまま食卓にならべても豪華です。

赤・黄・緑の彩りで
見た目も華やかに！
395
kcal

# かに玉

筋肉づくり　体脂肪ダウン　夏バテ予防・回復

《材料》2人分

●**卵 3個** ●ねぎ 40g ●かにかま 200g ●中華だし 小さじ2 ●塩・こしょう 各少々 ●油 適量

《つくり方》

1. ねぎは斜め切りに、かにかまは食べやすい大きさに切る。
2. ボウルに卵を割りほぐし、❶と中華だし、塩・こしょうを加えてよく混ぜる。
3. フライパンに油を熱し、❷を流し入れ、かき混ぜながら焼き、卵が半熟になったら火を止める。

Point

卵は火加減が味に大きく影響します。火を入れすぎると固くなり、味も落ちるので注意。半熟を目指して、早めに火から下ろしましょう。

# 卵サラダ

筋肉づくり　体脂肪ダウン

《材料》2人分

●**うずら卵 10個** ●きゅうり 1/2本 ●アボカド 1個 ●マヨネーズ 小さじ2 ●酢 大さじ2 ●塩・こしょう 各少々

《つくり方》

1. うずらの卵をゆでて、殻をむいたら半分に切る。
2. きゅうりとアボカドは、食べやすい大きさに切る。
3. ボウルにすべての材料を入れて和える。

Point

マヨネーズはおいしいけれど、油も多いのでカロリーは高め。体脂肪が気になるシーズンは、低脂肪タイプのマヨネーズで。

うずらの卵を使えば
いつもの卵サラダも
可愛らしく
220
kcal

# 牛乳

牛乳


吸収のよいカルシウムをはじめ、各種の栄養素を含む牛乳。
水分も同時に補給できるので、毎日でもとりたい食品です。

### 上手なとり方

カルシウムやたんぱく質を効率よく摂取できるので、水分補給もかねてこまめにとりましょう。毎日飲んでもOKです。

ミルク

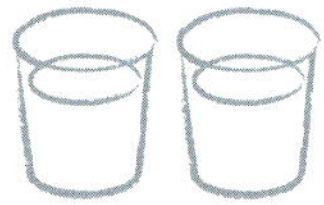

### ここがスゴイ!

**1. 骨をつくるカルシウムが豊富**

カルシウムの吸収を高めるたんぱく質と乳糖も含んでいます。

**2. 免疫力を高める**

牛乳は善玉菌であるラクトフェリンを豊富に含むため、免疫力を高めてくれます。

**100gあたりの栄養価**

［普通牛乳］

| | |
|---|---|
| エネルギー | 67kcal |
| たんぱく質 | 3.3g |
| 脂質 | 3.8g |
| 炭水化物 | 4.8g |

**多く含まれる栄養素**

たんぱく質　カルシウム　ビタミンA　ビタミン$B_2$

## ミルクスープ

筋肉づくり　骨強化　免疫力UP

《材料》2人分

- **牛乳 1カップ**
- たまねぎ 1/2個
- バター 小さじ2
- コンソメ 小さじ1
- 塩・こしょう 各少々
- パルメザンチーズ 小さじ2
- あさつき 1g

《つくり方》

1. たまねぎをすりおろす。
2. 鍋にバターを入れて①を炒めたら、牛乳とコンソメを加えてひと煮立ちさせる。
3. 塩・こしょうとパルメザンチーズを加えて、味をととのえる。
4. 器に盛り、あさつきをちらす。

骨を強化するカルシウムたっぷり、身体も温まるおすすめメニュー
132 kcal

いつもの鍋も
牛乳ベースにすると
身体強化の効果がアップ！
503
kcal

# 牛乳味噌鍋

筋肉づくり　疲労回復
骨強化　免疫力 UP

《材料》2人分

● **牛乳 1カップ** ● 木綿豆腐 100g ● ねぎ 60g ● キャベツ 60g ● にんじん 40g ● しいたけ 2枚 ● 豚肉 200g ● だし 小さじ1 ● 水 1カップ ● 味噌 大さじ2

《つくり方》

1. すべての具材を、食べやすい大きさに切る。
2. 鍋に牛乳と水、だしを入れて沸騰したら、豚肉を加えて味噌を溶かす。
3. 豆腐と野菜を入れて、やわらかくなるまで煮込む。

Point

たんぱく質やカルシウムが豊富な木綿豆腐は身体づくりに。疲労回復を早めたいときにはビタミンが豊富な絹豆腐がおすすめ。

# ヨーグルトケーキ

関節強化　筋肉づくり
骨強化　免疫力 UP

《材料》2人分

● **牛乳 1カップ** ● 生クリーム 40ml ● ゼラチン（粉末）6g ● 砂糖 大さじ2 ● プレーンヨーグルト 100g ● レモン汁 適量 ● フルーツ 適宜

《つくり方》

1. 生クリームは泡だて器で七分立てにする。
2. ボウルに牛乳とゼラチンを入れてふやかす。
3. 鍋に砂糖、2を入れて火にかけ、沸騰する前に火を止めて容器に移す。
4. 3にヨーグルト、レモン汁、1を加えて、よく混ぜる。
5. 器に4を入れ、冷蔵庫で冷やす。
6. 食べる直前に、お好みで食べやすく切ったフルーツを飾る。

低カロリーなので
選手の間食におすすめ
224
kcal

# ヨーグルト

ヨーグルト

牛乳の持つカルシウムやアミノ酸などの栄養素に加え、さらに乳酸菌がプラスされたものがヨーグルトです。無脂肪やドリンクタイプなど、種類もさまざま。

### 上手なとり方

こまめなたんぱく質の摂取は、身体づくりに効果的。食事だけでなく、補食にも用いて回数を多くとるのがおすすめ。

補食にも◎

ヨーグルト

### ここがスゴイ！

**1. 筋肉や骨を強化！**

ヨーグルトはたんぱく質とカルシウムが豊富。筋肉や骨を強化してくれます。

**2. 免疫力を高める**

善玉菌を含むヨーグルトは、腸内環境を整えて、体内の免疫力を高める効果があります。

**100gあたりの栄養価**

［全脂無糖］

| | |
|---|---|
| エネルギー | 62kcal |
| たんぱく質 | 3.6g |
| 脂質 | 3.0g |
| 炭水化物 | 4.9g |

**多く含まれる栄養素**

たんぱく質　カルシウム　ビタミン$B_2$　乳酸菌

## 水切りヨーグルトのカプレーゼ

筋肉づくり　骨強化　免疫力UP

《材料》2人分

●**無糖ヨーグルト 300g** ●トマト 1個 ●アボカド 1個 ●オリーブオイル 小さじ2 ●塩 少々

《つくり方》

1. ボウルの上に置いたざるに、キッチンペーパーを3枚重ねてヨーグルトをのせ、冷蔵庫で一晩置いたら水を切る。
2. トマト、アボカド、①を食べやすい大きさに切る。
3. 器に盛り、オリーブオイルと塩をかける。

水切りヨーグルトは
低カロリーで
味も食感もチーズのよう！
254
kcal

ヨーグルトベースのソースで
手軽にたんぱく質を補給！
346
kcal

# 水切りヨーグルトのクリームソースバゲット添え

筋肉づくり　骨強化　免疫力 UP

《材料》2人分

●**無糖ヨーグルト** 300g ●塩・こしょう 各少々 ●マヨネーズ 大さじ4 ●マスタード 適宜 ●バゲット 2切（30g）

《つくり方》

1. ボウルの上に置いたざるに、キッチンペーパーを3枚重ねてヨーグルトをのせ、冷蔵庫で一晩置いたら水を切る。
2. ボウルに❶と塩・こしょう、マヨネーズ、マスタードを入れてよく混ぜる。
3. バゲットに適量つけて食べる。

# ヨーグルトサラダ

筋肉づくり　血液づくり　骨強化　免疫力 UP

《材料》2人分

●**無糖ヨーグルト** 100g ●いちご 6個 ●プルーン（乾）6個 ●レーズン 10g ●スライスアーモンド 20g

《つくり方》

1. いちごとプルーンを食べやすい大きさに切り、レーズンは粗みじん切りにする。
2. ボウルにすべての材料を入れ、よく混ぜる。

レーズンやプルーン、
フルーツの自然な甘さが
魅力のメニュー！
346
kcal

# チーズ

良質なたんぱく質を含み、消化もよいチーズ。風味もあって、さまざまな料理に重宝されます。ナチュラルチーズとプロセスチーズに大別されます。

**上手なとり方**

パルメザンチーズ（粉チーズ）も、たんぱく質やカルシウム源になります。パスタを食べるときは、かける習慣をつけましょう。

**パスタには粉チーズを**

**ここがスゴイ！**

## 1. 骨格を強化する

筋肉や骨などを強化して、成長期に多く必要となる栄養素も豊富。吸収がよいのも利点。

## 2. 補食にも使える

コンパクトかつ栄養バランスに優れたチーズは、副菜としてはもちろん、運動後の補食でとると、身体づくりに◎。

**100gあたりの栄養価**

**［ナチュラルチーズ・チェダー］**

| | |
|---|---|
| **エネルギー** | 423kcal |
| **たんぱく質** | 25.7g |
| **脂質** | 33.8g |
| **炭水化物** | 1.4g |

**多く含まれる栄養素**

たんぱく質　カルシウム　脂質　ビタミンA　ビタミン$B_2$

# チーズグラタン風

筋肉づくり　骨強化　免疫力 UP

《材料》2人分

・**チーズ 60g**・アスパラガス 2本・パプリカ（黄）20g・トマト 1/2個・油 小さじ1・牛乳 大さじ6・塩・こしょう 各少々

《つくり方》

1. アスパラガス、パプリカ、トマトを食べやすい大きさに切る。
2. 油をひき熱したフライパンで1をさっと炒め、塩・こしょうをする。
3. 器に盛って牛乳とチーズをかけ、オーブンで10分ほど焼く。

**Point**

パプリカは黄色より、熟した赤やオレンジの方が抗酸化作用が高いもの。彩りで選ぶなら混ぜたいところですが、栄養価だけで選ぶなら赤がおすすめ。

チーズを使ってグラタン風に！
野菜が苦手でも食べやすく
164 kcal

試合時のグリコーゲン
ローディングにも使える!
342
kcal

# チーズもち

エネルギー補給　筋肉づくり　集中力UP　骨強化　免疫力UP

《材料》2人分

・**チーズ 60g** ・もち 50g×4個 ・きざみのり 5g

《つくり方》

① もちをやわらかくなるまでゆでる。
② ①にチーズをのせて電子レンジで30秒かけたあと、のりをのせる。

> Point
>
> もちは水を少し入れた容器（シリコンカップや耐熱皿＋ラップなど）に入れ、レンジにかけてもやわらかくなります。お好きなやり方でつくってみてください。

---

# チーズディップ

筋肉づくり　骨強化　免疫力UP

《材料》2人分

・**とけるチーズ 60g** ・にんじん100g ・きゅうり100g ・ラディッシュ 4個 ・牛乳 大さじ2 ・酒 少々

《つくり方》

① 野菜は食べやすい大きさに切る。
② 耐熱皿にとけるチーズと牛乳、酒を加えて700Wの電子レンジでチーズがとけるまで20～30秒温める。
③ ①を②につけて食べる。

> Point
>
> チーズから水分が抜けると固まりやすくなるので、レンジのかけすぎに注意。また冷めると固くなるので、時間が経ってしまったら温め直しましょう。

身体の状態や
目的に合わせて
野菜の種類や量を変えよう
138
kcal

# 豆腐

昔から日本独自の高たんぱく食材とされてきた豆腐は、
その栄養価に比べて低カロリー。さまざまな栄養素を含んだかしこい食品です。

### 上手なとり方

身体づくりのため、たんぱく質やカルシウムをとりたいときは木綿豆腐を。疲労回復のためにビタミンを摂取したいときは絹豆腐を、というように使い分けをしましょう。

**豆腐の使い分け**

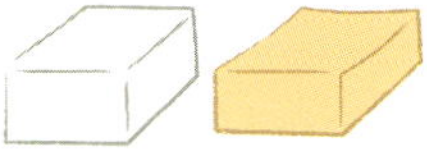

### ここがスゴイ!

**1. たんぱく質が豊富!**

豆腐は低カロリーでありながら、たんぱく質、カルシウム、鉄と身体づくりに必要な栄養が豊富。

**2. さらに高たんぱくな高野豆腐**

豆腐を冷凍乾燥させた高野豆腐は、豆腐の9倍ものたんぱく質を含んでいます。

**100gあたりの栄養価**

［木綿豆腐］

| | |
|---|---|
| エネルギー | 72kcal |
| たんぱく質 | 6.6g |
| 脂質 | 4.2g |
| 炭水化物 | 1.6g |

**多く含まれる栄養素**

たんぱく質　カルシウム　鉄　食物繊維

## 豆腐ハンバーグ

筋肉づくり　夏バテ予防・回復　疲労回復　免疫力UP

《材料》2人分

・**木綿豆腐 100g**・たまねぎ 40g・豚ひき肉 100g・卵 1個・きなこ 大さじ4・小麦粉 適宜・油 小さじ2

《つくり方》

1. たまねぎをみじん切りにする。
2. ボウルに豆腐、豚肉、1、卵、きなこを入れ、よく練る。
3. 2を小判形にしたら小麦粉をまぶし、油をひいて熱したフライパンで焼く。

動物と植物たんぱく質が
バランスよくしっかりとれる
336
kcal

**Point**

豆製品のきなこをつなぎに使うことで、さらに豆の利点がプラスに。カロリーを抑えるだけでなく、栄養素も効果的にとれます。

常備しておくと
便利な高野豆腐
栄養がつまったベスト食材！
475
kcal

# 高野豆腐ピカタ

筋肉づくり　骨強化　免疫力 UP

《材料》2人分

・**高野豆腐 4枚**・にんにく 2片・だし汁［水2カップ／和風だし 小さじ2］・しょうゆ・油 各大さじ2・溶き卵 2個分・小麦粉 大さじ6

《つくり方》

1. にんにくはすりおろす。高野豆腐は固いまま半分に切る。
2. 鍋に、だし汁、にんにく、高野豆腐、しょうゆを入れて火にかけ、やわらかくなるまで煮たら、高野豆腐を皿に取り出す。
3. フライパンに油をひいて熱し、卵、小麦粉の順に衣をつけた❷を表面に焼き色がつくまで焼く。

# 豆腐の中華炒め

筋肉づくり　夏バテ予防・回復　疲労回復　骨強化　免疫力 UP

《材料》2人分

・**木綿豆腐 200g**・にら 40g・小松菜 60g・油 適量・豚ひき肉 100g・中華だし 少々・塩・こしょう 各少々・桜エビ6g

《つくり方》

1. にらと小松菜は3cmの長さに切る。
2. フライパンに油をひいて熱し、豚肉と豆腐を加え、木べらで豆腐を崩しながら炒める。
3. ❷に❶を加えてさらに炒め、中華だしと塩・こしょうで味をととのえる。仕上げに桜エビを振る。

さっぱりした味わいは
夏バテ予防にもぴったり
337
kcal

# 納豆

発酵食品の代表格でもある納豆は、たんぱく源としても優秀で、
血圧降下や整腸作用などもあわせもつ食品です。

### 上手なとり方

納豆キナーゼの吸収には、納豆の表面にある、ネバネバした成分（ムチン）が大切な役割を果たします。そのため、納豆はよくかき回して食べるのがおすすめ。

納豆ごはん

### ここがスゴイ！

**1. ビタミン$B_2$が豊富！**

納豆のビタミン$B_2$は、発酵させる前の大豆の6倍もあります。口内炎や肌荒れの予防になります。

**2. 整腸環境を整える**

納豆に含まれる納豆菌は、乳酸菌よりも長く腸内の腐敗菌を抑える、整腸作用があります。

**100gあたりの栄養価**

［ 糸ひき納豆 ］

| | |
|---|---|
| エネルギー | 200kcal |
| たんぱく質 | 16.5g |
| 脂質 | 10.0g |
| 炭水化物 | 12.1g |

**多く含まれる栄養素**

たんぱく質 / カルシウム / ビタミン$B_2$ / 食物繊維 / 鉄

## チャングッチャン（納豆チゲ）

筋肉づくり　夏バテ予防・回復　疲労回復　骨強化　免疫力UP

《材料》2人分

● **納豆 2パック** ● にんにく 2片 ● 木綿豆腐 100g ● えのき 20g ● 豚肉 60g ● ごま油 小さじ1 ● 水 500ml ● コチュジャン 小さじ2 ● キムチ 60g

《つくり方》

1. にんにくは薄切りに、豆腐、えのき、豚肉は食べやすい大きさに切る。
2. 鍋にごま油をひいてにんにくを炒め、水を加える。沸騰したらコチュジャンとキムチを入れ、豚肉、豆腐、えのきを加えて15分ほど煮込む。
3. 仕上げに納豆を加える。

独特の匂いがありますが
疲労回復には最高！
381
kcal

納豆が苦手な人でも
揚げることで食べやすく
392
kcal

# 納豆春巻き

筋肉づくり　免疫力 UP

《材料》2人分

●**ひきわり納豆 4パック** ●しょうゆ 大さじ2 ●酢 大さじ2 ●春巻きの皮 2枚 ●揚げ油 適量

《つくり方》

① ボウルに納豆、しょうゆ、酢を入れて混ぜあわせる。
② 春巻きの皮に①をのせて巻く。
③ ②を約180℃の油でカラッと揚げる。

Point

カロリーを落としたいときは、生春巻きにしても OK。揚げなくてもおいしく食べられます。もちもちした食感がポイントです。

# 納豆のチーズ焼き

筋肉づくり　骨強化　免疫力 UP

《材料》2人分

●**納豆 2パック** ●しょうが 1片 ●油 小さじ1 ●とけるチーズ 100g ●かつおぶし 適量

《つくり方》

① しょうがはみじん切りにする。
② フライパンに油を熱し、しょうがを香りが立つまで炒める。
③ ②に納豆を加えてさらに炒め、とけるチーズを加えて火を止める。
④ 器に③を盛り、かつおぶしをかける。

つくったらアツアツのうちに
かつおぶしをかけて食べよう
292
kcal

# 豆

植物性たんぱく質を豊富に含む豆。枝豆、大豆、
黒豆など種類がたくさんあり、どれもビタミン、ミネラルの宝庫です。

### 上手なとり方

高強度の練習時の補食として、積極的にとりましょう。枝豆は、コンビニエンスストアでも手軽に手に入ります。

ゆで枝豆

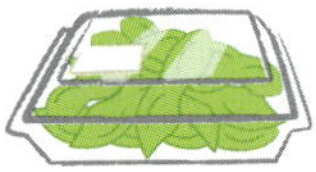

### ここがスゴイ！

**1. きなこも豆類**

きなこは、大豆を炒って粉砕したもの。消化吸収がとてもよいのが特徴です。

**2. 補食にも使える**

疲労回復に効果のあるビタミン$B_1$もたっぷり。夏バテ対策にも効果的です。

**100gあたりの栄養価**

［大豆・ゆで］

| | |
|---|---|
| エネルギー | 180kcal |
| たんぱく質 | 16.0g |
| 脂質 | 9.0g |
| 炭水化物 | 9.7g |

**多く含まれる栄養素**

たんぱく質　ビタミン$B_1$　ビタミンC　鉄

## 枝豆とじゃこの落とし揚げ

筋肉づくり　夏バテ予防・回復　骨強化　免疫力UP

《材料》2人分

● **枝豆むき身（ゆでたもの）100g** ● 卵 1個 ● Ⓐ［水 1/2カップ／小麦粉 1/3カップ／塩 少々］● ちりめんじゃこ 20g ● いりごま（黒）小さじ2 ● 揚げ油 適量 ● かぼす 適宜

《つくり方》

1. ボウルに卵を割りほぐし、Ⓐを入れて混ぜ、枝豆、いりごま、じゃこを加える。
2. ❶を適量スプーンですくい、約180℃の油できつね色になるまで揚げる。
3. 皿に盛り、かぼすを添える。

## 豆とベーコンのトマト煮

筋肉づくり　疲労回復　骨強化　免疫力UP

《材料》2人分

● **大豆水煮（缶）100g** ● ベーコン 4枚 ● ホールトマト（缶）100g ● 油 小さじ1 ● 塩・こしょう 各少々 ● コンソメ 小さじ1 ● パルメザンチーズ 大さじ4

《つくり方》

1. ベーコンは短冊切りにする。
2. 油をひいて熱した鍋でベーコンを炒めたら、大豆とトマト、コンソメを加え、塩・こしょうで味をととのえる。
3. 皿に盛り、パルメザンチーズをふる。

Chapter.6

# 野菜・いも類

運動で消耗するビタミンやミネラルの補給や、
活性酸素を除去するためにとりたい食材です。
一般の人は、野菜は1日350g
（そのうち緑黄色野菜は1/3）とることが
すすめられていますが、
選手はそれ以上にとることが理想です。

# 野菜・いも類

## 特徴

1. 野菜は、ビタミン、ミネラル、水分を多く含む食材
2. 食物繊維を多く含むので、体脂肪を落としたいときや便秘予防に最適
3. 旬の時期は特に栄養価が高い
4. いも類は、炭水化物（糖質）を多く含むのでエネルギー源になる

コンディション良好！


## 理論

### 野菜　1日350gとるのが理想!

スポーツ選手の場合は、もっと多めにとるのを目標に。野菜の種類によって栄養価が大きく異なるので、目的によって使い分けるのがおすすめ。また、ビタミン、ミネラルなどは熱などによる損失も多いので、調理法にも気をくばりましょう。

### いも　主食以外のエネルギー源になる食材

いも類も種類によって特徴があります。じゃがいもは熱に強いビタミンCが含まれるので、調理に最適です。

## ● 旬カレンダー

野菜はスーパーでは通年出回っていますが、やはり旬が大事。
旬に採れた野菜は、味も栄養価もまるで違います。季節に合わせた食材選びを心がけましょう。

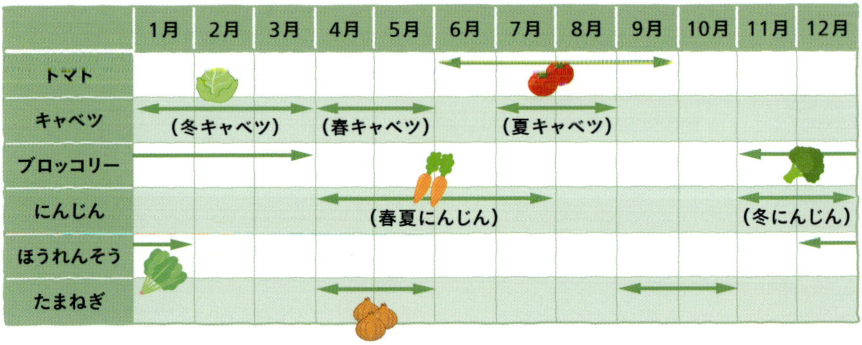

1月
2月
3月
4月
5月
6月
7月
8月
9月
10月
11月
12月
トマト
キャベツ
（冬キャベツ）
（春キャベツ）
（夏キャベツ）
ブロッコリー
にんじん
（春夏にんじん）
（冬にんじん）
ほうれんそう
たまねぎ

## ●おもな野菜・いも類の栄養価（100gあたり）

※下記に掲載した栄養素で、数値がいちばん高いものを太字にしています。

| | | エネルギー (kcal) | たんぱく質 (g) | 脂質 (g) | 炭水化物 (g) | カリウム (mg) | カルシウム (mg) | ビタミンA (μg) | ビタミンC (mg) |
|---|---|---|---|---|---|---|---|---|---|
| 野菜 | トマト | 19 | 0.7 | 0.1 | 4.7 | 219 | 7 | 45 | 15 |
| | アスパラガス | 20 | 2.6 | 0.2 | 3.9 | 270 | 19 | 31 | 15 |
| | ブロッコリー | 33 | **4.3** | 0.5 | 5.2 | 360 | 38 | 67 | **120** |
| | にんじん | 37 | 0.6 | 0.1 | 9.1 | 280 | 28 | 760 | 4 |
| | 日本かぼちゃ | 49 | 1.6 | 0.1 | 10.9 | 400 | 20 | 60 | 16 |
| | ほうれん草 | 20 | 2.2 | 0.4 | 3.1 | 690 | 49 | 350 | 35 |
| | にら | 21 | 1.7 | 0.3 | 4.0 | 510 | 48 | 290 | 19 |
| | たまねぎ | 37 | 1.0 | 0.1 | 8.8 | 150 | 21 | Tr | 8 |
| | キャベツ | 23 | 1.3 | 0.2 | 5.2 | 200 | 43 | 4 | 41 |
| | しそ | 37 | 3.9 | 0.1 | 7.5 | 500 | 230 | **880** | 26 |
| | パセリ | 44 | 3.7 | **0.7** | 8.2 | **1000** | **290** | 620 | **120** |
| いも | じゃがいも | 76 | 1.6 | 0.1 | 17.6 | 410 | 3 | (0) | 35 |
| | さつまいも | **132** | 1.2 | 0.2 | **31.5** | 470 | 40 | 2 | 29 |
| | 長いも | 65 | 2.2 | 0.3 | 13.9 | 430 | 17 | (0) | 6 |

※文部科学省・科学技術・学術審議会資源調査分科会「日本食品標準成分表」より
※ビタミンAはレチノール当量（μg）
※ Tr … 数値が微量のもの。含まれてはいるが成分の記載限度に達していないもの（Tr=Trace）
※(0)… 推定値が0のもの。文献等により含まれていないと推定される成分については測定していないが、何らかの数値を示してほしいとの要望が強かったもの

### Point

→ 野菜やいも類には、カリウムが多く含まれる。
→ しそやパセリは、ビタミンやカリウムの宝庫。
→ 緑黄色野菜にはビタミン A が多く含まれる。
→ いも類は炭水化物が多く含まれるが、中でもさつまいもが多い。

# キャベツ

調理のバリエーションも豊富で、ビタミンCなどを含みます。
キャベツを毎日1食取り入れることで、ストレスを抑制し、胃や腸を丈夫に。

## ここがスゴイ！

### 1. 胃腸の強い味方

抗潰瘍性ビタミンである、ビタミンU（別名「キャベジン」）を含んでいます。

### 2. ビタミンCでストレス抑制

ストレスを抑制してくれるビタミンCが、濃い緑色の外側の葉や芯の周辺にたっぷり。

### 3. 便秘を解消する

キャベツには食物繊維が豊富に含まれているので、便秘の予防・解消ができます。

### 100gあたりの栄養価

［キャベツ・生］

| | |
|---|---|
| エネルギー | 23Kcal |
| たんぱく質 | 1.3g |
| 脂質 | 0.2g |
| 炭水化物 | 5.2g |

### 多く含まれる栄養素

- ビタミンC
- ビタミンU
- カリウム
- 食物繊維

## 上手なとり方

①《その》

水溶性ビタミンのビタミンCは、水で洗ってからカットしたり、大きめに切ることで損失を防ぐことができます。水に浸したままにすると2割も減るので注意！

カットは大きめに

②《その》

キャベツサラダ

ビタミンUやビタミンCは熱に弱いのであまり加熱せずに調理し、生で食べるのがおすすめ。煮込んだ場合は汁に栄養が溶け出しているので一緒にとるようにしましょう。

## こんなときにおすすめ！

- ◎ 便秘を予防・改善したいとき
- ◎ 胃腸が弱っているとき
- ◎ 試合前のストレスを感じているとき

### 豆知識

スポーツ選手にとって、試合の勝ち負けは、ストレスになることも多いでしょう。そんなときこそ、ビタミンCやビタミンUを含んでいるキャベツをとってストレス解消。

香辛料のカレー粉で
食欲も免疫力もアップ！
148
kcal

# キャベツの
# カレー粉炒め

消化促進　夏バテ予防・回復　疲労回復　免疫力 UP

《材料》2人分

● **キャベツ 200g** ● 油 小さじ2 ● 豚ひき肉 100g ● もやし 60g ● 塩・こしょう 各少々 ● カレー粉 小さじ2

《つくり方》

1. キャベツを一口大に切る。
2. 油をひいて熱したフライパンで❶を炒め、ある程度火が通ったら、豚肉ともやしを加える。
3. 塩・こしょう、カレー粉を加え、さっと混ぜる。

---

# キャベツの
# ピーナッツ和え

体脂肪ダウン　消化促進

《材料》2人分

● **キャベツ 100g** ● だし 小さじ1 ● しょうゆ 小さじ1 ● Ⓐ［ピーナッツバター 小さじ1 ／ 砂糖 小さじ1/2］

《つくり方》

1. キャベツを短冊切りにする。
2. ボウルに❶を入れ、だしとしょうゆを加えてよく混ぜる。
3. ❷にⒶの材料を加えてよく混ぜる。

Point

調味料と合わせてよく混ぜることで、生キャベツでもかさが減り、食べやすくなります。栄養価が高い組み合わせなので、こまめにとるのがおすすめです。

胃の働きを助けるメニュー
常備菜にして
頻繁にとるのが理想
160
kcal


◀◀ 次ページにつづく

ほんのりとした酸味で
食欲が進む
疲れているときに食べやすい！
114
kcal

## キャベツとチキンの黒酢炒め

筋肉づくり　消化促進　疲労回復　免疫力 UP

《材料》2人分

- **キャベツ 200g** ●鶏もも肉 60g ●にんにく2片 ●油 小さじ2 ●Ⓐ［黒酢 大さじ2／しょうゆ 大さじ1／塩・こしょう 各少々］

《つくり方》

1. キャベツ、鶏肉を食べやすい大きさに切る。にんにくはみじん切りにする。
2. フライパンに油をひいて熱し、にんにくとキャベツを炒めたら、鶏肉を加えて炒める。
3. Ⓐを加え、味をととのえる。

---

## キャベツドリンク

筋肉づくり　消化促進　疲労回復

《材料》2人分

- **キャベツ 100g** ●りんご 1/2個（100g） ●絹豆腐 40g ●水 1カップ ●はちみつ 大さじ2

《つくり方》

1. すべての材料をミキサーにかける。

身体によいキャベツと
豆腐を組み合わせたドリンク
81
kcal

**Point**

ドリンクにすることで、消化吸収がよくなります。疲れたときや、すっきりしないときに飲むと、高い効果を感じられるでしょう。

# レタス

レタス、サニーレタス、サラダ菜などさまざまな種類があります。
サラダにして食べる場合が多いですが、スープや炒め物など、火を通しても◎。

## ここがスゴイ！

### 1. 水分が豊富に含まれる

成分の95％が水分なので、水分補給にもおすすめ。レタスの種類にもよりますが、ビタミンB1、ビタミンA、ビタミンC、カルシウム、鉄分なども含んでいます。

### 2. 種類を使い分けることで効果が出る

鉄の補給はサラダ菜、カルシウムの補給にはサニーレタスというように、目的や選手の状態によって使い分けるのがおすすめです。

**100gあたりの栄養価**

［レタス・生］

| | |
|---|---|
| エネルギー | 12kcal |
| たんぱく質 | 0.6g |
| 脂質 | 0.1g |
| 炭水化物 | 2.8g |

**多く含まれる栄養素**

食物繊維 ※種類によって栄養素が異なる

## 上手なとり方

その ①

葉の巻きがふんわりしているものがやわらかくておいしく、しっかり巻いているものは、育ちすぎて苦味が強い傾向があります。

レタス

その ②

レタスで巻く

野菜が苦手な人でも、レタスに肉などの具材を巻いて食べることで、無理なく野菜を補給することができます。

## こんなときにおすすめ！

◎ 便秘を予防・改善したいとき

◎ 貧血を予防・改善したいとき

◎ 水分をとりたいとき

**豆知識**

カルシウムはサニーレタスに、鉄はサラダ菜に、ビタミンCはリーフレタスに多く含まれます。上手に使い分けましょう。


◀◀ 次ページにつづく

レタスで包むことで
食べやすくなる！
108
kcal

# レタス包み

エネルギー補給　筋肉づくり　免疫力 UP

《材料》2人分

● **レタス 200g** ● じゃがいも 100g ● Ⓐ［さけフレーク 30g ／かつおぶし 1g ／黒ごま大さじ1 ／マヨネーズ 小さじ1］

《つくり方》

❶ じゃがいもはサイコロ状に切り、さっとゆでる。
❷ ボウルにⒶの材料と❶を入れ、よく混ぜる。
❸ ❷をレタスで包む。

---

# レタスのさっと炒め

筋肉づくり　疲労回復　夏バテ予防･回復　免疫力 UP

《材料》2人分

● **レタス 100g** ● 油 小さじ2 ● 豚ロース肉 60g ● 砂糖 小さじ2 ● しょうゆ 小さじ2 ● 唐辛子 少々

《つくり方》

❶ レタスを1cmの拍子切りにする。
❷ フライパンに油をひいて熱し、❶と豚肉をさっと炒める。
❸ ❷に砂糖としょうゆ、唐辛子を加える。

Point

強火で調理することで、短時間で仕上げることができます。レタス特有の甘みとシャキシャキ感を楽しみましょう。

加熱することで
レタスの甘味がアップ
139
kcal

# にんじん

緑黄色野菜の中でも、βカロチンを多く含むにんじんは、免疫力を高めてくれるので、定期的に取り入れて、日々の体調管理に役立てましょう。

## ここがスゴイ！

### 1. βカロチンで活性酸素を除去

疲労の原因となる活性酸素を抑制してくれます。活性酸素は身体への害となるため、運動時は意識してとりたい食材のひとつです。

### 2. エネルギーが補給できる

野菜でありながら、にんじんには炭水化物（糖質）も多いので、エネルギーが補給できます。

### 100gあたりの栄養価

［根皮つき・生］

| | |
|---|---|
| エネルギー | 37kcal |
| たんぱく質 | 0.6g |
| 脂質 | 0.1g |
| 炭水化物 | 9.1g |

### 多く含まれる栄養素

ビタミンA
炭水化物

## 上手なとり方

その①

皮の近くにβカロチンが多いので、皮ごと食べるか、皮は薄くむくとよいでしょう。また、脂質と一緒にとることで吸収がアップします。

バター

その②

にんじんは赤みが強いほどカロチンが多いので、なるべく色の濃いものを選びましょう。

なるべく赤いものを選ぶ

## こんなときにおすすめ！

◎ 風邪を予防・改善したいとき

◎ エネルギーを補給したいとき

◎ 眼疲労を予防・改善したいとき

### 豆知識

にんじんはビタミンCを破壊する酵素が含まれています。少し火にかけて酵素の働きを弱めるか、またはビタミンCを多く含む酢やレモン汁をかけるとよいでしょう。


次ページにつづく

いりごまとすりごまの
食感と風味を楽しもう
100
kcal

# にんじんと塩昆布和え

エネルギー補給　夏バテ予防・回復

《材料》2人分

●**にんじん 100g** ●塩昆布 20g ●白ごま 小さじ2 ●白すりごま 大さじ2

《つくり方》

1. にんじんはせん切りにする。
2. ボウルにすべての材料を入れ、混ぜる。

**Point**

調味料を使わなくても、塩昆布のうま味が効いているので十分おいしくいただけます。ごまの香りも楽しめるひと皿です。

---

# にんじんとアーモンド炒め

エネルギー補給　血行促進

《材料》2人分

●**にんじん 100g** ●油 小さじ1/2 ●三温糖、しょうゆ 各大さじ1/2 ●スライスアーモンド 20g ●バター 小さじ1

《つくり方》

1. にんじんはいちょう切りにする。
2. フライパンに油をひいて熱し、にんじんをさっと炒める。
3. 三温糖としょうゆ、アーモンドを加え、さらに炒める。
4. バターを加えてよく和える。

アーモンドとバターで
ビタミンAの吸収がアップ
127
kcal

食欲がなくても
ワインビネガーで
さっぱり食べられる！

138
kcal

# にんじんと卵のサラダ

エネルギー補給　筋肉づくり　免疫力 UP

《材料》2人分

●**にんじん 100g** ●卵 2個 ●パセリ 3g ●Ⓐ［塩・こしょう 各少々／ワインビネガー 小さじ2／油 小さじ1］●サラダ菜 6枚

《つくり方》

❶ ゆで卵をつくる。
❷ ❶とにんじん、パセリをみじん切りにし、Ⓐの調味料と混ぜる。
❸ サラダ菜で包む。

**Point**

にんじんを細かく切ることで、調味料の味がしみ込みやすくなります。また、サラダ菜に包むことでヘルシーに仕上がり、食べやすくなります。見た目も GOOD。

---

# にんじんゼリー

エネルギー補給　関節強化　集中力 UP

《材料》2人分

●**にんじん 60g** ●ゼラチン 小さじ1 ●水 大さじ2 ●グレープフルーツジュース 1/2カップ ●ミント 適量

《つくり方》

❶ ゼラチンを水でふやかす。
❷ にんじんをすりおろす。
❸ 鍋に❶❷とグレープフルーツジュースを入れ、よくかき回しながら火にかけ、沸騰する前に火を止める。
❹ 型に入れて、冷蔵庫で冷やし固める。
❺ 好みでミントを飾る。

**Point**

ゼラチンは沸騰させると固まらなくなってしまうので、調理の際は火加減に注意してください。しっかり冷やしてから食べましょう。

ゼラチンに含まれる
コラーゲンが
関節を強くしてくれる
36
kcal

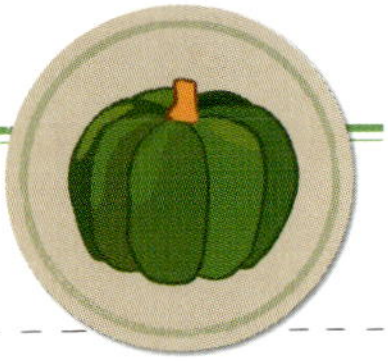

# かぼちゃ

かぼちゃは糖質を多く含む、エネルギー補給に最適な食材。ビタミンAがたっぷり含まれるため、運動後の体力や筋力などの回復にも役立ちます。

## 上手なとり方

炭水化物の違いにより、日本かぼちゃのカロリーは西洋かぼちゃの半分。カロリーが気になる人は日本かぼちゃ。エネルギーが欲しい人は西洋かぼちゃを！

西洋かぼちゃ

## ここがスゴイ！

### 1. エネルギー補給ができる

炭水化物を含んでいるうえ、食べ応えもたっぷり。エネルギー補給を助けてくれます。

### 2. ビタミンAとEで活性酸素の除去

ビタミンAとビタミンEの働きで、疲労の原因となる活性酸素を取り除いてくれます。

### 100gあたりの栄養価

［日本かぼちゃ・生］

| | |
|---|---|
| エネルギー | 49kcal |
| たんぱく質 | 1.6g |
| 脂質 | 0.1g |
| 炭水化物 | 10.9g |

### 多く含まれる栄養素

ビタミンA　ビタミンE　炭水化物　食物繊維

## かぼちゃのムース

エネルギー補給　関節強化　集中力UP　疲労回復　骨強化　免疫力UP

《材料》2人分
- **かぼちゃ 100g**
- ゼラチン（粉末）50g
- 水30ml
- 牛乳1カップ
- 砂糖20g
- 生クリーム40ml

《つくり方》
1. かぼちゃはレンジにかけてつぶす。
2. ゼラチンは水でふやかす。
3. 鍋に①と牛乳を加えて火にかけ、弱火で混ぜながら砂糖を数回に分けて加え、②を入れる。
4. 生クリームは角が立つまで泡立て、③に加え、混ぜる。
5. 器に④を入れ、冷蔵庫で冷やす。

## かぼちゃバーグ

エネルギー補給　集中力UP　夏バテ予防・回復　疲労回復

《材料》2人分
- **かぼちゃ 200g**
- たまねぎ 40g
- パセリ 2g
- 油 小さじ2
- 豚ひき肉 60g
- 卵 2個
- 塩・こしょう 少々
- 小麦粉 大さじ2

《つくり方》
1. かぼちゃはレンジにかけてつぶす。
2. たまねぎとパセリをみじん切りにする。
3. 油をひいて熱したフライパンで、たまねぎと豚肉を炒める。
4. ボウルに①とパセリ、③、卵を入れてよく混ぜ、塩・こしょうをする。
5. 形を整えたら小麦粉をまぶし、油をひいて熱したフライパンで両面焼く。

# さつまいも

食物繊維が多く、満腹感が得られます。手っ取り早くエネルギーがほしいときなどに最適です。また、間食などに選ぶのもおすすめです。

### 上手なとり方

さつまいもの皮を洗うときはやわらかいスポンジで洗うほうが、ミネラルの損失が少なくなります。また、蒸すときは皮をむかないで調理するのがベストです。

ふかしいも

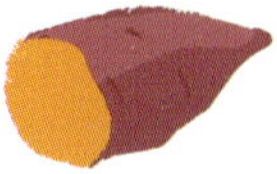

### ここがスゴイ！

**1. 便秘の予防、解消に**

食物繊維は便秘を解消してくれる効果が。また、食べすぎも防いでくれます。

**2. しっかりエネルギー源に!**

エネルギーがほしいときの間食に最適。ほどよい甘みは、ストレス解消効果も。

**100gあたりの栄養価**

［さつまいも・生］

| | |
|---|---|
| エネルギー | 132kcal |
| たんぱく質 | 1.2g |
| 脂質 | 0.2g |
| 炭水化物 | 31.5g |

**多く含まれる栄養素**

炭水化物　食物繊維　ビタミンC

## スイートポテト＆モンブラン

エネルギー補給　筋肉づくり　集中力 UP　骨強化　免疫力 UP

《材料》2人分

● **さつまいも 200g** ●むき栗 100g ●牛乳 1カップ ●スライスアーモンド 40g ●塩 少々

《つくり方》

❶ さつまいもをゆでる。
❷ ❶とむき栗、牛乳をミキサーにかけてなめらかにする。
❸ ボウルに❷とスライスアーモンド、塩を加えてよく混ぜる。

## さつまいものヨーグルトサラダ

エネルギー補給　集中力 UP　骨強化

《材料》2人分

● **さつまいも 200g** ●ヨーグルト 大さじ2 ●レーズン 20g ●マヨネーズ 大さじ2

《つくり方》

❶ さつまいもを1cm程度の輪切りにし、電子レンジにかけやわらかくする。
❷ ボウルにすべての材料を入れて和える。

# たまねぎ

サラダにスライスして入れたり、炒めてコクを加えたりさまざまな調理法のあるたまねぎ。疲労回復や、血栓防止の効果もある優れた野菜です。

## ここがスゴイ!

### 1. 疲労回復にも効果あり

硫化アリルは、疲労回復に効果のあるビタミン$B_1$の吸収を助け、体内に留めてくれます。

### 2. 血栓を予防する

たまねぎに含まれる硫化アリルという成分が、血液をサラサラにして血栓を予防してくれます。

### 3. 重宝な殺菌効果

たまねぎには強力な殺菌効果があり、サルモネラ菌なども殺すことができるといわれるほど。

**100gあたりの栄養価**

[りん茎・生]

| | |
|---|---|
| エネルギー | 37kcal |
| たんぱく質 | 1.0g |
| 脂質 | 0.1g |
| 炭水化物 | 8.8g |

**多く含まれる栄養素**

硫化アリル

## 上手なとり方

その①

硫化アリルは、ビタミン$B_1$と一緒にとるのが一番効果的。ビタミン$B_1$を含む豚肉などと一緒に調理することによって、疲労回復にも効果を発揮します。

豚肉

その②

スライスたまねぎ

硫化アリルは、加熱や水にさらしすぎると効果がなくなってしまいます。そのため、スライスしてサラダなどに入れるか、炒めるならさっと火を通す程度に。

## こんなときにおすすめ!

◎ 血流をよくしたいとき

◎ 疲労回復したいとき

**豆知識**

血液の流れがよいということは、それだけ身体に必要な栄養を運んで、老廃物を排除できるということです。毎日でもたまねぎを食べて、疲労回復や血流改善に努めましょう。特に毎日練習をする選手は、いろいろな調理法で積極的にとりたい食材のひとつです。

すりおろしたたまねぎで
栄養の吸収がよくなる！
291
kcal

# おろしたまねぎのしょうが焼き

筋肉づくり　夏バテ予防・回復　疲労回復　免疫力UP

《材料》2人分

●**たまねぎ 100g** ●豚ロース 160g ●しょうが 1片 ●Ⓐ［しょうゆ、酒 各大さじ1／オイスターソース 小さじ2］●油 小さじ1

《つくり方》

❶豚肉を食べやすい大きさに切る。たまねぎとしょうがはすりおろす。
❷ボウルにたまねぎ、しょうがとⒶの調味料を入れて混ぜたら、豚肉を10分程度漬ける。
❸フライパンに油をひいて熱し、❷を焼く。

# たまねぎとツナのサラダ

血液づくり　疲労回復　免疫力UP

《材料》2人分

●**たまねぎ 100g** ●レタス 40g ●レーズン 10g ●ツナ（缶）1缶（70g）●塩・こしょう 各少々 ●マヨネーズ 大さじ1

《つくり方》

❶たまねぎ、レタスをせん切りにする。レーズンは粗みじん切りにする。
❷ボウルにすべての材料を入れて混ぜる。

鉄を補給したいときは
レーズンを増やすと◎
175
kcal


◀◀次ページにつづく

人気のスパイスカレー粉で
免疫力もしっかりアップ!
211
kcal

# たまねぎのカレースープ

食欲増進　夏バテ予防・回復
疲労回復　免疫力 UP

《材料》2人分

● **たまねぎ 200g** ● にんにく 2片 ● ソーセージ 4本 ● 油 小さじ1 ● 水 2カップ ● 固形スープ 1個 ● カレー粉 大さじ1

《つくり方》

1. たまねぎとにんにくを薄切りにする。ソーセージに切り込みを入れる。
2. 鍋に油をひいて熱し、たまねぎとにんにくをさっと炒めたら、水と固形スープを入れて煮込む。
3. 仕上げにカレー粉とソーセージを加える。

---

# たまねぎのドレッシング

体脂肪ダウン　疲労回復

《材料》2人分

● **たまねぎ 100g** ● オリーブオイル 大さじ4 ● 塩 少々 ● バルサミコ酢 大さじ2 ● 白すりごま 大さじ2

《つくり方》

1. たまねぎを薄切りにする。
2. すべての材料を瓶に入れ、よく混ぜる。(冷蔵庫で保存し、3日間程度で使い切ること)

Point

オリーブ油とバルサミコ酢は分離しやすいので、サラダにかける前はよく混ぜて、なじませてから使うようにしましょう。

食べるドレッシングで
血液もサラサラに!
350
kcal

# トマト

鉄やコラーゲンの吸収や生成に関係する栄養素を含むトマト。
最近はリコピンなどでも注目されています。

## ここがスゴイ！

### 1. 毛細血管を強化

血液を末端まで運ぶために重要な、毛細血管を強化してくれるビタミンPが含まれています。

### 2. コラーゲンを生成する

トマトには、コラーゲンの生成を助けるビタミンCも含まれます。

### 3. 強力な抗酸化作用

トマトに含まれる赤い色素＝リコピンは、強力な抗酸化作用があります。

**100gあたりの栄養価**

［トマト・生］

| | |
|---|---|
| エネルギー | 19kcal |
| たんぱく質 | 0.7g |
| 脂質 | 0.1g |
| 炭水化物 | 4.7g |

**多く含まれる栄養素**

ビタミンC / ビタミンP / カロチン / クエン酸 / リコピン

## 上手なとり方

その ①

トマトは鉄やコラーゲンの吸収をアップさせる効果があります。いろいろな食材と組み合わせて調理したり、カットして添えるのがおすすめ。

トマト入りサラダ

その ②

たまねぎ

レシピに組み込みやすいトマトですが、たまねぎは特に相性のよい食材のひとつ。一緒にとることで、血液サラサラ効果がアップします。

## こんなときにおすすめ！

◎ 激しい練習のとき

◎ 免疫力をアップさせたいとき

◎ 疲労回復したいとき

**豆知識**

実は、普通のトマトよりもミニトマトのほうが栄養価が高いのです。ビタミンAやビタミンCは、普通のトマトの2倍も含まれています。お弁当の彩りやサラダなどにして毎日でも食べましょう。

 ◀◀ 次ページにつづく

トマトの赤と黄色で
食欲増進！　見ためにも
華やかで可愛らしく
125
kcal

# トマトとハムのチーズ焼き

筋肉づくり　疲労回復　骨強化

《材料》2人分

● **ミニトマト（赤、黄）各6個** ● ハム 2枚 ● チーズ 40g ● 塩・こしょう 各少々

《つくり方》

1. トマトを半分に切る。ハムは拍子切りにする。
2. アルミホイルにすべての材料を入れて包み、グリルで焼く。

**Point**

切った材料をホイルに入れ、冷蔵庫に入れておけば、あとはグリルで焼くだけなので忙しい朝の朝食にもおすすめです。

---

# ミニトマトのしょうがレモンづけ

体脂肪ダウン　疲労回復

《材料》2人分

● **ミニトマト 10個** ● しょうが 2片 ● レモン 1/2個 ● 白ワイン 50ml ● はちみつ 大さじ4 ● 水 1カップ

《つくり方》

1. ミニトマトは切り込みを入れ、お湯につけて皮をむく。しょうがはみじん切り、レモンは皮をむき、薄切りにする。
2. 鍋にワインを入れて火にかけ、アルコールを飛ばしたら、はちみつと水を加える。
3. 容器にすべての材料を入れ、一晩漬ける。

フルーツ感覚で
食べられるのでトマト
嫌いの方にもおすすめ！
166
kcal

ミキサーは野菜を
たっぷり食べるための裏ワザ！
80
kcal

## ガスパッチョ

体脂肪ダウン　疲労回復

《材料》2人分

●**トマト 200g** ●たまねぎ 100g ●セロリ 70g ●にんにく 1片 ●Ⓐ［レモン汁、オリーブオイル 各小さじ2／塩・こしょう 各少々／タバスコ 適量］●水 適量

《つくり方》

❶トマト、たまねぎ、セロリは粗みじん切りにする。
❷ミキサーに❶を入れ、にんにく、Ⓐを加える。
❸好みの量の水を入れる。
❹具が粗い粒状になるまでミキサーをかける。
❺冷蔵庫で10分ほど冷やし、食べる直前に取り出す。

## トマトのナムル風

体脂肪ダウン　疲労回復

《材料》2人分

●**ミニトマト 10個** ●かいわれ 20g ●おろしにんにく 1片 ●Ⓐ［ごま油 大さじ2／すりごま 小さじ2／塩 少々］

《つくり方》

❶ミニトマトはヘタを除き、半分に切る。かいわれは根元を切り落とす。
❷ボウルにおろしにんにく、Ⓐ、❶を入れて混ぜあわせる。
❸器に❷を盛りつける。

トマトのビタミンCが風邪を
予防し、血液もサラサラに！
35
kcal

# ほうれん草

緑黄色野菜の代表格ともいえるほうれん草は、
血液の生成に効果的な鉄分が多く含まれることで有名です。

### 上手なとり方

ほうれん草をゆでて調理する場合は、ゆで時間をなるべく短く。長くゆでるほどビタミンCの損失が大きく、5分ゆでると半分に減少してしまいます。また、ビタミンCの損失を防ぐため、ほうれん草は必ず冷蔵庫で保存しましょう。

### ここがスゴイ!

**1. 貧血予防に効果的**

血液を作る作用のある鉄分、ビタミンCなどの栄養素を豊富に含むので、貧血予防に効果があります。

**2. 子どもの成長を促進**

子どもの発育や血液の生成を助ける葉酸という栄養素も含まれるので、定期的にとりましょう。

**100gあたりの栄養価**

［葉・生］

| | |
|---|---|
| エネルギー | 20kcal |
| たんぱく質 | 2.2g |
| 脂質 | 0.4g |
| 炭水化物 | 3.1g |

**多く含まれる栄養素**

ビタミンA　ビタミンC　葉酸　鉄

## ほうれん草の味噌ダレ

血液づくり　体脂肪ダウン

スポーツ時に必要な
鉄とカルシウムがたっぷり!

《材料》2人分

●**ほうれん草** 100g ●Ⓐ［味噌 小さじ2／黒すりごま 大さじ1／みりん 大さじ1／三温糖 小さじ2］●しらす 20g

《つくり方》

1. ほうれん草はさっとゆで、3cm程度の長さに切る。
2. Ⓐの調味料を混ぜて味噌ダレをつくる。
3. 器に❶を盛り、味噌ダレとしらすをかける。

**Point**

発汗量が多い夏場などの時期は、味噌の量を少し増やすと塩分が増し、スポーツのときもバテにくくなります。

125 kcal

豊かなごま油の香りが
食欲をそそる1品！
132
kcal

# ほうれん草のナムル

血液づくり　体脂肪ダウン

《材料》2人分

・**ほうれん草 100g**・白ごま 大さじ2・ごま油 大さじ1・豆板醤 大さじ1・コチュジャン 小さじ2

《つくり方》

1. ほうれん草をさっとゆでたらよく水を切り、3cm程度の長さに切る。
2. ボウルにすべての材料を入れて和える。

Point

ほうれん草はゆですぎると、大切な栄養素が流れてしまう原因に。鮮やかな緑色に変わったらすぐにお湯からあげて、栄養の損失を最小限に抑えましょう。

---

# ほうれん草のスムージー

エネルギー補給　血液づくり
集中力UP

《材料》2人分

・**ほうれん草 40g**・オレンジ 1個・レモン 1/2個・りんご 1/4個・水 1カップ

《つくり方》

1. オレンジとレモンの皮をむく。
2. すべての材料をミキサーにかける。

Point

暑い夏の時期は、氷を少し加えてからミキサーにかけると、ひんやりとして飲みやすくなるのでおすすめです。

ほうれん草を
ミキサーにかけることで
消化吸収を促進！
57
kcal

# しょうが

発汗作用や殺菌作用にすぐれ、風邪の予防などにも効果を発揮する「しょうが」。
最近は特に女性に人気の食材です。

### 上手なとり方

身体を温める成分を持つしょうがは、ほかの栄養素を取り込みやすくする手助けをしてくれます。さまざまな食材と組み合わせて調理するのがベター。香りや辛みを楽しみましょう。

カレー

### ここがスゴイ!

**1. 消化を助ける**

しょうがは、胃液の分泌量をアップさせ、食物の消化を助けます。

**2. 冷え性を緩和**

しょうがに含まれる「ショウガオール」という成分は、身体を温める効果が。

**100gあたりの栄養価**

［根茎・生］

| | |
|---|---|
| エネルギー | 30kcal |
| たんぱく質 | 0.9g |
| 脂質 | 0.3g |
| 炭水化物 | 6.6g |

**多く含まれる栄養素**

ショウガオール　ジンゲロン　カリウム

## しょうがカレー

筋肉づくり　夏バテ予防・回復　疲労回復　免疫力 UP

《材料》2人分

●**しょうが 100g** ●鶏胸肉 100g ●たまねぎ 60g ●水 1カップ ●トマト（缶）160g ●コンソメ 小さじ1 ●カレールウ 2片

《つくり方》

1. 鶏肉とたまねぎを食べやすい大きさに切る。しょうがは薄切りにする。
2. 鍋に水としょうがを入れて火にかけ、沸騰したら鶏肉、たまねぎ、トマト、コンソメを入れ、材料がやわらかくなるまで煮る。
3. いったん火を止めてカレールウを加える。

**Point**

普段はあまり量が食べられないしょうがも、カレーにすることでたっぷり食べることができます。身体を温めたいときにもぴったりです。

大きめにカットした
しょうがのゴロゴロ感
がやみつきに
349
kcal

# 小松菜

葉野菜でありながら、カルシウムを多く含むことが特徴の小松菜。
普段の食事からたっぷり取り入れていきましょう。

## 上手なとり方

カルシウムが豊富な小松菜は、たんぱく質と一緒にとることで、身体を強化します。

小松菜と肉の炒め物

## ここがスゴイ！

### 1. 優秀な抗酸化作用

身体の老化のもととなる酸化。その酸化を抑える作用を持つビタミンA、ビタミンCが豊富に含まれています。

### 2. カルシウムが豊富

小松菜は、カルシウムがたっぷりとれる野菜です。牛乳アレルギーの人は牛乳の代わりに摂取しましょう。

**100gあたりの栄養価**

［葉・生］

| | |
|---|---|
| エネルギー | 14kcal |
| たんぱく質 | 1.5g |
| 脂質 | 0.2g |
| 炭水化物 | 2.4g |

**多く含まれる栄養素**

ビタミンA　ビタミンC　カルシウム

## 小松菜のかにあんかけ

体脂肪ダウン　免疫力 UP

《材料》2人分

- **小松菜 200g**
- かにかま 4本
- だし 小さじ1
- 水 大さじ6
- Ⓐ［片栗粉 少々／水 大さじ4］
- あさつき 20g

48
kcal

《つくり方》

❶小松菜をさっとゆでたらよく水を切り、5cm程度に切る。かにかまをほぐす。
❷鍋にかにかま、だし、水を入れてひと煮立ちしたら、Ⓐの水溶き片栗粉を加える。
❸器に❶を盛りつけ、❷と小口切りにしたあさつきをかける。

## 小松菜のりサラダ

骨強化　免疫力 UP

《材料》2人分

- **小松菜 100g** ・のり 1枚（タテ21cm×ヨコ19cm）・ちくわ 1本 ・めんつゆ 大さじ1
- かつおぶし 1g

36
kcal

《つくり方》

❶小松菜をさっとゆでたらよく水を切り、3cm程度の長さに切る。
❷のりをちぎり、ちくわは食べやすい大きさに切る。
❸ボウルにすべての材料を入れて混ぜる。

# ねぎ

「ねぎ」の緑の葉部分と白い部分では、栄養価が異なります。
葉は各種ビタミンがたっぷり。白い部分には薬効成分が含まれています。

**上手なとり方**

ねぎは緑の部分を捨ててしまう人もたまにいますが、風邪の症状に有効な成分などは緑の葉の部分に多く含まれています。1本まるまる活用して、かしこく調理を。

**ねぎの緑の部分**

## ここがスゴイ！

### 1. さまざまなビタミンを含む

緑の部分はビタミンAやカルシウムなどを、白い部分はビタミン$B_1$、$B_2$などがたっぷり。

### 2. 風邪の予防・改善に

ねぎは漢方薬でも使われるほど、風邪の初期症状に効果があるといわれています。1年を通してとりたい食材のひとつです。

**100gあたりの栄養価**

[ 根葉ねぎ・生 ]

| | |
|---|---|
| エネルギー | 28kcal |
| たんぱく質 | 0.5g |
| 脂質 | 0.1g |
| 炭水化物 | 7.2g |

**多く含まれる栄養素**

硫化アリル　カリウム

## 冷や奴 ねぎたたきのせ

筋肉づくり　血液づくり　夏バテ予防・回復　疲労回復　免疫力UP

《材料》2人分

●Ⓐ［**あさつき 40g**／まぐろ 60g／さけ 60g／しょうが・しょうゆ 各少々］●絹豆腐 100g

《つくり方》

❶ あさつきを小口切りにする。まぐろとさけは包丁でたたく。しょうがはすりおろす。
❷ ボウルにⒶの材料を入れ、よく混ぜる。
❸ 器に豆腐を盛りつけたら、❷をのせる。

## ぬた

体脂肪ダウン　疲労回復

《材料》2人分

●**ねぎ 100g** ●味噌 20g ●酢・酒 各大さじ1 ●三温糖 大さじ1/2 ●白すりごま 大さじ1

《つくり方》

❶ ねぎを5cm程度の長さに切り、容器に入れて電子レンジで3分加熱する。
❷ ❶にすべての材料を加えてよく混ぜたら、電子レンジで2分加熱する。

# にら

「にら」独特の香りは硫化アリルという成分で、疲労回復効果があります。
食欲増進作用もあるので、食欲が落ちたときにおすすめです。

### 上手なとり方

ビタミン$B_1$と一緒にとることで疲労回復効果がアップします。レバーや豚肉はビタミン$B_1$を多く含むので、組み合わせて使いましょう。

レバー

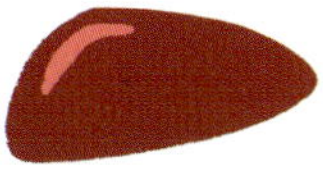

### ここがスゴイ！

**1. にらの香りで疲労回復**

にら独特の香り硫化アリルは、食欲増進効果があり、疲労回復やスタミナアップに！

**2. 活性酸素を除去する**

にらに含まれるビタミンAとビタミンCが、体内に発生する活性酸素を取り除きます。

**100gあたりの栄養価**

［葉・生］

| | |
|---|---|
| エネルギー | 21kcal |
| たんぱく質 | 1.7g |
| 脂質 | 0.3g |
| 炭水化物 | 4.0g |

**多く含まれる栄養素**

ビタミンA
ビタミンC
硫化アリル
カリウム

## ちぢみ

エネルギー補給　筋肉づくり　免疫力UP

《材料》2人分

●にら 50g ●Ⓐ［小麦粉 大さじ6／卵 2個／水 少々］●油 小さじ2 ●しょうゆ 大さじ4 ●ごま油 小さじ2 ●かつおぶし 2g

《つくり方》

1. にらを3cm程度の長さに切る。
2. ボウルに、にらとⒶを入れてよく混ぜる。
3. フライパンに油をひいて熱し、2を流し入れて焼く。
4. しょうゆとごま油を混ぜて、ソースをつくる。
5. 皿に3を盛りつけ、4をかけてかつおぶしをのせる。

空腹時の
補食としてもおすすめ！
263
kcal

# しそ

和食に飾りとしてよく出る「しそ」ですが、栄養価は高く漢方薬などにも使われています。
「しそ」は飾りではなく、食べる野菜として認識しましょう。

## 上手なとり方

一度にたくさん食べるのはむずかしいですが、刻んでサラダに入れたり、ごはんに混ぜて食べるなど工夫してとりましょう。細かく刻むことで香りも引き立ち、殺菌・防腐作用も高まります。

しそまぜごはん

## ここがスゴイ！

### 1. においの成分で食中毒防止

においの成分であるペリルアルデヒドには強い防腐作用があります。

### 2. 花粉症やアレルギー予防に

しその種子に含まれているαリノレン酸には、花粉症などの症状を緩和する効果が。

**100gあたりの栄養価**

［葉・生］

| | |
|---|---|
| エネルギー | 37kcal |
| たんぱく質 | 3.9g |
| 脂質 | 0.1g |
| 炭水化物 | 7.5g |

**多く含まれる栄養素**

ビタミンA／ペリルアルデヒド／αリノレン酸／カリウム／ビタミンC

# ささみの梅しそ巻き

筋肉づくり　疲労回復

《材料》2人分

- **しそ 8枚**
- 梅干し 3粒
- ささみ 4本
- 塩・こしょう 各少々

《つくり方》

1. 梅干しはつぶす。
2. ささみに塩・こしょうをし、食べやすい大きさに切る。
3. ささみにつぶした梅干しをのせ、しそを巻いたらグリルで焼く。

梅干しのクエン酸が鶏肉の栄養素の吸収をアップ
89 kcal

**Point**

梅干しをしそで巻くことで、ささみ特有のパサつきが抑えられ、しっとりとした食感に仕上げることができます。

# にんにく

スタミナたっぷりな料理と聞いてすぐに思い浮かぶのが「にんにく」。
豚肉などと一緒にとることで疲労回復力がアップします。

### 上手なとり方

豚肉を食べるときには、にんにくを加えることで、ビタミン$B_1$の吸収力を高めることができます。

豚肉

### ここがスゴイ！

**1. 疲労回復と夏バテ予防効果**

アリシンとビタミン$B_1$を一緒にとることで、疲労回復と夏バテ予防効果アップ。

**2. 強い抗菌力**

にんにくには強力な殺菌力があり、体内に侵入するウイルスにも効果があります。

**100gあたりの栄養価**

［ にんにく・生 ］

| | |
|---|---|
| エネルギー | 134kcal |
| たんぱく質 | 6.0g |
| 脂質 | 1.3g |
| 炭水化物 | 26.3g |

**多く含まれる栄養素**

カリウム　アリシン　食物繊維

## にんにくのホイル焼き

疲労回復　免疫力UP　体脂肪ダウン

《材料》2人分

・**にんにく 6片** ・たまねぎ 100g ・ハム 4枚 ・塩・こしょう 各少々 ・バター 小さじ2

155
kcal

《つくり方》

1. たまねぎは薄切り、ハムは短冊状に切る。
2. アルミホイルに❶を入れて、にんにくをのせて塩・こしょうをふり、バターをのせる。
3. フライパンに少量の水（分量外）を入れ、❷を10分間蒸し焼きにする。

## にんにくソース

体脂肪ダウン　疲労回復

《材料》2人分

・**にんにく 2片** ・たまねぎ 50g ・あさつき 10g ・しそ 2枚 ・油 小さじ2 ・しょうゆ 大さじ3 ・酢 大さじ1 ・塩・こしょう 各少々

80
kcal

《つくり方》

1. にんにくとたまねぎをすりおろす。あさつきは小口切り、しそはせん切りにする。
2. フライパンに油をひいて熱し、にんにくとたまねぎをさっと炒めたら火を止め、すべての材料を混ぜる。

# じゃがいも

「じゃがいも」にはビタミンＣが多く含まれています。しかも「じゃがいも」のビタミンＣは、でんぷんに包まれているので、熱に強いのが特徴です。

### 上手なとり方

皮の下に栄養分が豊富に含まれているので、しっかり洗って皮ごと調理するのがおすすめ。芽や緑色の部分は有毒物質です。お湯でも流れないので、調理時に付け根からしっかり取り除きましょう。

**調理は皮ごと**

### ここがスゴイ！

**1. 熱に強い ビタミンＣが豊富**

熱で破壊されやすいビタミンＣをでんぷんが守ってくれるので、効率的にとれます。

**2. エネルギー補給に**

炭水化物を多く含んでいて、主食以外からもエネルギーを補給したいときに！

**100gあたりの栄養価**

**［じゃがいも・生］**

| | |
|---|---|
| エネルギー | 76kcal |
| たんぱく質 | 1.6g |
| 脂質 | 0.1g |
| 炭水化物 | 17.6g |

**多く含まれる栄養素**

炭水化物　ビタミンC　カリウム

## しゃきしゃきサラダ

エネルギー補給　集中力 UP　疲労回復

《材料》2人分

●**じゃがいも 100g** ●きゅうり 50g ●ハム 2枚 ●塩 少々 ●水 適量 ●Ⓐ［オリーブオイル 小さじ1／ごま油 少々／塩・こしょう 各少々／中華だし 小さじ1／白ごま 小さじ2］

《つくり方》

❶ じゃがいもは薄く皮をむき、細切りにして塩水に漬ける。
❷ きゅうりとハムを細切りにする。
❸ 鍋にお湯を沸かし、❶をさっとゆでる。
❹ ボウルに❷、❸とⒶの材料を入れて和える。

じゃがいもはさっとゆでて
ビタミンCの損失を
防ぎましょう
116
kcal

隠し味の味噌を
入れることでスープの
コクが引き出される！
115
kcal

## ポタージュスープ

エネルギー補給　血液づくり　免疫力 UP

《材料》2人分

● **じゃがいも 100g** ● たまねぎ 100g ● 豆乳 1カップ ● コンソメ 1/2個 ● 味噌 小さじ1 ● 塩・こしょう 各少々 ● パセリ 少々

《つくり方》

1. じゃがいもは皮をむき、たまねぎ、豆乳と一緒にミキサーにかける。
2. 鍋に❶を入れて沸騰したら、コンソメと味噌を溶かし、塩・こしょうで味をととのえる。
3. 器に盛り、仕上げにパセリをふる。

**Point**

裏ごしなどで手間ひまをかけるより、ミキサーを使うことで時短にもなり、調理がぐっとラクになります。

---

## ポテト入りお好み焼き

エネルギー補給　筋肉づくり　集中力 UP　免疫力 UP

《材料》2人分

● **じゃがいも 200g** ● あさつき 30g ● 小麦粉 120g ● 卵 2個 ● 水 大さじ4 ● 油 小さじ1 ● ソース［ウスターソース 大さじ2／トマトケチャップ 大さじ2］● かつおぶし 2g

《つくり方》

1. じゃがいもは皮をむいてせん切りにする。あさつきは小口切りにする。
2. ボウルにじゃがいも、小麦粉、卵、水を入れて混ぜあわせる。
3. フライパンに油をひいて熱し、❷を丸い形に流し込んで両面焼く。
4. ボウルにウスターソースとトマトケチャップを混ぜて、ソースをつくる。
5. 器に❸を盛り、❹をかけ、かつおぶしをのせ、あさつきを散らす。

加熱しても壊れない
じゃがいものビタミンCをとろう！
438
kcal

# アスパラガス

アスパラガスはアミノ酸を豊富に含む野菜。疲労回復に効果がある
アスパラギン酸は、名前の通り、アスパラガスから発見されたことから命名。

**上手なとり方**

穂先に含まれるルチンは水に溶けやすいので、そのまま焼く、炒める、揚げるなどの調理方法が適しています。

**アスパラガスの穂先**

**ここがスゴイ！**

**1. 疲労回復に効果がある**

アスパラガスに含まれるアスパラギン酸は、運動後の疲労回復に効果的です。

**2. 血行促進で冷え知らず**

根元より穂先のほうが栄養豊富です。穂先に含まれるルチンには血行促進効果も。

**100gあたりの栄養価**

［アスパラガス・生］

| | |
|---|---|
| エネルギー | 20kcal |
| たんぱく質 | 2.6g |
| 脂質 | 0.2g |
| 炭水化物 | 3.9g |

**多く含まれる栄養素**

アスパラギン酸　ルチン　ビタミンA

## アスパラガスの豚チーズ焼き

疲労回復　骨強化　免疫力UP

《材料》2人分

・**アスパラガス 100g** ・チーズ 4枚 ・豚ロース 120g ・塩・こしょう 各少々 ・黒ごま 大さじ2 ・油 小さじ2

《つくり方》

1. アスパラガスを5cm程度の長さに切る。
2. 1をチーズと豚肉で巻き、塩・こしょう、ごまをふる。
3. フライパンに油をひいて熱したら、2を転がしながら焼く。

## アスパラガスとトマトのごま和え

筋肉づくり　疲労回復

《材料》2人分

・**アスパラガス 100g** ・ミニトマト 6個 ・白すりごま 大さじ2 ・酢 小さじ2 ・しょうゆ 大さじ1

《つくり方》

1. アスパラガスを3cm程度の長さに切り、さっとゆでる。
2. ミニトマトは半分に切る。
3. ボウルにすべての材料を入れて和える。

# ブロッコリー

鉄とビタミンCを多く含むので、貧血予防に。また、抗酸化作用のあるビタミンA・C・Eが豊富。食物繊維は茎に多く含まれるので、なるべく茎も食べましょう。

### 上手なとり方

ビタミンCは熱に弱いので、ゆでるときは軽く火を通す程度にして、すぐにあげましょう。

ブロッコリーのサラダ

### ここがスゴイ!

**1. 貧血予防に**

鉄分とビタミンCの両方を多く含んでいるので、貧血予防に効果的。

**2. 風邪の予防・抗ストレス作用**

豊富なビタミンCが、風邪やストレスに効果を発揮します。

**100gあたりの栄養価**

[ ブロッコリー・生 ]

| | |
|---|---|
| エネルギー | 33kcal |
| たんぱく質 | 4.3g |
| 脂質 | 0.5g |
| 炭水化物 | 5.2g |

**多く含まれる栄養素**

鉄　ビタミンA　ビタミンC

## ブロッコリーの豆腐サラダ

筋肉づくり　骨強化　免疫力UP

《材料》2人分

- **ブロッコリー 200g**
- 木綿豆腐 200g
- 明太子 40g
- 牛乳 90ml
- 塩 少々

164
kcal

《つくり方》

1. 豆腐は小さく切ってゆで、水気を切ってから裏ごしする。
2. ボウルに明太子をほぐし入れ、❶、牛乳、塩を加えてドレッシングをつくる。
3. ブロッコリーは小房に分け、ゆでる。
4. 器に❸を盛り、❷をかける。

## ブロッコリーのココット焼き

エネルギー補給　筋肉づくり　骨強化　免疫力UP

《材料》2人分

- **ブロッコリー 100g**
- コーン（缶）20g
- とけるチーズ 40g
- 牛乳 大さじ4

116
kcal

《つくり方》

1. オーブンを180度に予熱しておく。
2. ブロッコリーを食べやすい大きさに切って、さっとゆでる。
3. ココット皿に❷とコーン、チーズ、牛乳を入れる。
4. オーブンで10分程度焼く。

# パセリ

パセリといえば、料理に彩を添える付け合わせという印象が強いもの。しかし、パセリに含まれる鉄とビタミンCの量は、野菜の中でもトップクラスです。

## 上手なとり方

量はたくさん食べられませんが、栄養素は豊富。サラダに添えたり、卵焼きに入れたり、野菜炒めに混ぜたりと、毎日こまめにとりましょう。

オムレツ

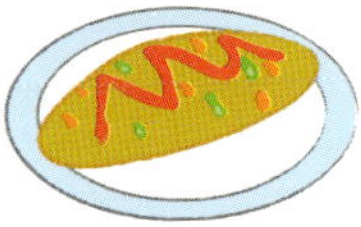

## ここがスゴイ！

**1. 栄養のかたまり**

微量の栄養素も含めて、ほとんどの栄養素がぎゅっと詰まった食材のひとつ。

**2. 食欲増進に**

パセリの香り（ピネン・アピオール）には食欲増進作用があります。

**100gあたりの栄養価**

［パセリ・生］

| | |
|---|---|
| エネルギー | 44kcal |
| たんぱく質 | 3.7g |
| 脂質 | 0.7g |
| 炭水化物 | 8.2g |

**多く含まれる栄養素**

鉄　ビタミンC　カロチン　食物繊維　カリウム

## パセリのふりかけ

食欲増進　体脂肪ダウン

《材料》2人分

- **パセリ 20g** ● 黒・白いりごま 各大さじ1 ● 塩 少々 ● かつおぶし 3g ● しょうゆ、みりん、酒 各小さじ2

《つくり方》

1. パセリの茎を取り、葉だけにする。キッチンペーパーにパセリをおく。
2. ①を電子レンジに10分程度かけ、ひっくり返す。手で触ってパラパラとほぐれるまでこの工程を繰り返す。
3. 容器に移し、すべての調味料を加えて混ぜる。

**Point**

電子レンジにかけるときは、パセリの水分がしっかり飛ぶように、平たく並べた状態でかけるようにしましょう。

栄養素がぎゅっと詰まった
パセリをしっかり食べよう
89
kcal

# セロリ

栄養価が高いのにも関わらず、低カロリーな野菜です。ビタミンCがたっぷりで、茎には食物繊維が豊富、葉にはカロテンが豊富です。葉まで料理に利用しましょう。

### 上手なとり方

セロリの栄養成分は細胞の中に入っているので、よく噛んで食べることでより効果が発揮されます。香りが苦手で生で食べにくい場合は、ミートソースに入れるのがおすすめ。

スパゲティミートソース

### ここがスゴイ！

**1. 香りで頭痛を沈める**

セロリの香り成分には精神を安定させる働きがあり、頭痛を鎮める効果もあります。

**2. むくみ防止**

豊富に含まれるカリウムが、とりすぎた塩分の排泄を促し、むくみを予防します。

**100gあたりの栄養価**

［セロリ・生］

| | |
|---|---|
| エネルギー | 15kcal |
| たんぱく質 | 1.0g |
| 脂質 | 0.1g |
| 炭水化物 | 3.2g |

**多く含まれる栄養素**

食物繊維　カリウム

## ピクルス

体脂肪ダウン　疲労回復

《材料》2人分

●セロリ 100g ●Ⓐ［酢 1/2カップ／水 1/2カップ／砂糖 20g／塩 少々］●にんじん 40g ●ラディッシュ 4個

《つくり方》

❶ 鍋にⒶの材料を入れて煮溶かし、冷ましたら容器に入れる。
❷ セロリ、にんじん、ラディッシュを食べやすい大きさに切る。
❸ ❷を❶に加えて冷蔵庫に入れ、2日間漬けておく。

甘酢効果で身体をすっきり整えます
71 kcal

**Point**

普段、体重を気にしている選手の場合は、あえて野菜を大きめにカットすることで、食べすぎ防止につながります。

# だいこん

「だいこん」には、消化を助ける効果がある成分が含まれています。
根だけでなく、葉にも栄養がたっぷり。捨てずに食べましょう。

### 上手なとり方

だいこんは、すりおろしたらなるべく早く食べましょう。時間が経つとビタミンCが減ってしまいます。

だいこんおろし

### ここがスゴイ!

**1. 消化を助ける**

だいこんに含まれる酵素が消化を助けて、栄養の吸収をよくしてくれます。

**2. 葉も捨てずに!**

葉にはカルシウムやカロテンなど、不足しがちな栄養素が豊富。捨ててしまうにはもったいない食材です。

**100gあたりの栄養価**

［根・皮つき・生］

| | |
|---|---|
| エネルギー | 18kcal |
| たんぱく質 | 0.5g |
| 脂質 | 0.1g |
| 炭水化物 | 4.1g |

**多く含まれる栄養素**

ジアスターゼ
カルシウム（葉）
カロテン（葉）

## だいこんステーキ

消化促進　免疫力UP

《材料》2人分

● **だいこん 300g** ● だし汁 2カップ ● 塩・酒 各少々 ● しいたけ 4枚 ● パプリカ（赤・黄）各20g ● しょうが 1片 ● 油 小さじ1 ● 鶏ひき肉 50g ● しょうゆ 大さじ1 ● みりん 大さじ2

**Point**

だいこんにあらかじめ数カ所切り込みを入れておくことで、調理したときに味がしみ込みやすくなります。

ひき肉と野菜のうま味で
だいこんが引き立つ!
189
kcal


《つくり方》

1. だいこんの皮をむいて1.5cmほどの厚さに切り、十字に切り込みを入れる。だし汁、塩、酒を入れた鍋でゆでる。
2. しいたけ、パプリカ、しょうがをみじん切りにする。
3. 別のフライパンで1のだいこんの両面を色がつくまで焼く。
4. フライパンに油をひいて熱し、2と鶏肉を加えて炒め、しょうゆとみりんで味をつける。
5. 器に3を盛りつけ、4をかける。

だいこんの水分により
ささみがやわらかく！
160
kcal

# おろし煮

筋肉づくり　消化促進　免疫力 UP

《材料》2人分

●**だいこん 200g** ●れんこん 100g ●あさつき 20g ●鶏ささみ 4本 ●塩 少々 ●片栗粉 大さじ1 ●水 1.5カップ ●鶏ガラスープの素 小さじ2 ●しょうゆ 小さじ1

《つくり方》

❶だいこんとれんこんをすりおろす。
❷あさつきを小口切りにする。
❸ささみは一口大に切り、塩をふって片栗粉をまぶす。
❹鍋に水を入れ❸をゆで、鶏ガラスープとしょうゆを加える。
❺仕上げに❶を加えて、あさつきを散らす。

---

# 四川風サラダ

エネルギー補給　骨強化

《材料》2人分

●**切り干しだいこん 40g** ●ピーマン 50g ●にんじん 40g ●Ⓐ［ごま油 大さじ2／酢・しょうゆ・いりごま（白）各小さじ2／唐辛子（小口切り）適量］

《つくり方》

❶切り干しだいこんは水でもどし、水気を切る。
❷ピーマンとにんじんはせん切りにする。
❸ボウルにⒶを入れ、❶と❷を加えて混ぜあわせる。

**Point**

水っぽい切り干しだいこんは、必ずしっかり水気を切ってから、ほかの材料と混ぜあわせるようにしましょう。

ミネラル豊富な切り干し
だいこんは常備して
202
kcal

# ピーマン

ピーマンは、夏のビタミンCの供給源といってもいいでしょう。
また、夏バテ対策に最適な野菜のひとつです。

## 上手なとり方

少量の油や脂質を含む肉と合わせてとることで、吸収率がアップします。

**脂質を含む肉**

## ここがスゴイ！

### 1. 活性酸素を除去

カロチンとビタミンCが、運動で発生する身体に有害な活性酸素を取り除きます。

### 2. 熱に比較的強いビタミンC

組織が強固なために、熱による損失が少ないビタミンCを含んでいます。

**100gあたりの栄養価**

［青ピーマン・生］

| | |
|---|---|
| エネルギー | 22kcal |
| たんぱく質 | 0.9g |
| 脂質 | 0.2g |
| 炭水化物 | 5.1g |

**多く含まれる栄養素**

ビタミンC　カロチン

## ピーマンの五目炒め

抗酸化作用　疲労回復

《材料》2人分

・**ピーマン 150g** ・たけのこ 60g ・にんじん 40g ・ハム 3枚 ・油 小さじ2 ・もやし 40g ・塩・こしょう 各少々 ・オイスターソース 小さじ2

《つくり方》

1. ピーマン、たけのこ、にんじん、ハムを拍子切りにする。
2. フライパンに油をひいて熱し、❶ともやしを加えて炒める。
3. 塩・こしょう、オイスターソースで味付けする。

油と一緒に調理することでビタミンAの吸収がアップ！
120 kcal

**Point**

強火でさっと炒めることにより、ピーマンのシャキシャキとした食感が出ます。少し火が通ったなと思えるくらいでOK。

# パプリカ

色によって栄養価が違う代表的な食材。赤はカロチンが豊富、黄はビタミンCが豊富です。状態に合わせて選びましょう。

## 上手なとり方

生で食べても甘くておいしいですが、加熱しても栄養素が壊れないため、炒めたり焼いたりしてもOK。油といっしょにとればカロチンの吸収力がアップ。

バター

バター

## ここがスゴイ！

**1. 抗酸化作用で健康維持**

パプリカに豊富に含まれるビタミンの働きで、発生した活性酸素を除去します。

**2. 加熱してもビタミンCがとれる**

パプリカは加熱してもビタミンCが壊れないので、炒め物にもおすすめ。

### 100gあたりの栄養価

［赤ピーマン・生］

| | |
|---|---|
| エネルギー | 30kcal |
| たんぱく質 | 1.0g |
| 脂質 | 0.2g |
| 炭水化物 | 7.2g |

### 多く含まれる栄養素

ビタミンC　カロチン

## パプリカとチキンのサラダ

抗酸化作用　免疫力UP

《材料》2人分

● **パプリカ（赤、黄、オレンジ）各40g** ●ささみ 2本 ●レモン 1個 ●Ⓐ［亜麻仁油（またはしそ油）小さじ2／塩 少々／酢 小さじ2］

《つくり方》

❶ パプリカを食べやすい大きさに切る。
❷ ささみをゆでたあと、手で裂く。
❸ ボウルにレモンを絞り、❶、❷とⒶの調味料を加えて和える。

ハードな練習のあとの
身体の回復にぴったり！
98
kcal

**Point**

パプリカは黄色よりも、赤とオレンジのほうが抗酸化力が高くなります。鮮やかな色のパプリカを選びましょう。

# きゅうり

「きゅうり」の成分の95%以上が水分です。
食感もよくて食べやすく、夏場の熱中症対策にぴったりの食材です。

## 上手なとり方

きゅうりにはビタミンCを壊す酵素が含まれているので、ビタミンCをとりたいときには酢を使うとよいでしょう。

酢

酢

## ここがスゴイ！

### 1. 暑いときの水分補給

水分が多く含まれているので、身体を冷やしたり、暑いときの水分補給に最適です。

### 2. 利尿作用・むくみ予防に

カリウムとイソクエルシトリンという成分が、身体のむくみを予防してくれます。

**100gあたりの栄養価**

［きゅうり・生］

| | |
|---|---|
| エネルギー | 14kcal |
| たんぱく質 | 1.0g |
| 脂質 | 0.1g |
| 炭水化物 | 3.0g |

**多く含まれる栄養素**

カリウム

## きゅうりと豆腐のサラダ

体脂肪ダウン　疲労回復　免疫力UP

《材料》2人分

- **きゅうり 100g**　・しょうが 少々　・のり 適量　・かつおぶし 適量　・ポン酢 大さじ2　・絹豆腐 60g

《つくり方》

1. きゅうりを薄い輪切りにする。しょうがはすりおろす。
2. ボウルにすべての材料を入れる。豆腐をつぶしながら全体をよく混ぜる。

**Point**

筋力トレーニングやカルシウムの補給をしたいときには、絹豆腐より木綿豆腐を選びましょう。

夏の暑い時期の
栄養補給に大活躍！
40
kcal

# とうもろこし

身体のエネルギーになる炭水化物を多く含むとうもろこし。
暑い夏、体力が落ちているときなどに食べたい食材です。

## 上手なとり方

1日置いたら栄養価が半減するといわれるほど、鮮度落ちが早いので、買ったらすぐに調理しましょう。

ゆでとうもろこし

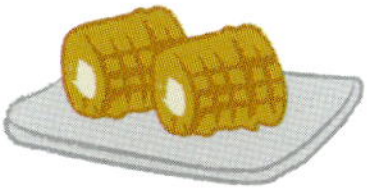

## ここがスゴイ！

### 1. エネルギー源として活躍！

エネルギーとなる炭水化物が豊富。主食以外からもエネルギーがとりたいときに、活用できます。

### 2. 便秘の予防・改善に

食物繊維が、腸内の環境をよくしてくれるので、便秘気味のときに食べたい食材です。

**100gあたりの栄養価**

[ スイートコーン・生 ]

| | |
|---|---|
| エネルギー | 92kcal |
| たんぱく質 | 3.6g |
| 脂質 | 1.7g |
| 炭水化物 | 16.8g |

**多く含まれる栄養素**

炭水化物　食物繊維

## コーンスープ

エネルギー補給　筋肉づくり　集中力UP　骨強化　免疫力UP

《材料》2人分

- **とうもろこし（クリーム缶）200g** ● たまねぎ 60g ● パセリ 少々 ● バター 小さじ1 ● 牛乳 1カップ ● コンソメ 小さじ1 ● 塩・こしょう 各少々

《つくり方》

1. たまねぎは薄切り、パセリはみじん切りにする。
2. フライパンにバターを入れ、たまねぎを炒めたら、牛乳を加える。
3. ②にとうもろこし、コンソメを加え、仕上げに塩・こしょうをふり、パセリをのせる。

持久力と集中力、エネルギー補給にぴったり！
192 kcal

# 長いも

漢方薬にも利用されるほど滋養効果のある食材です。
疲労回復には「いちょういも」が、エネルギー補給には「じねんじょ」がおすすめです。

### 上手なとり方

熱に弱いので、生のまますりおろして食べた方が、消化酵素をしっかりとることができます。

長いもすりおろし

### ここがスゴイ!

**1. 疲労回復**

長いもに含まれるネバネバ成分が、胃腸の調子を整え、疲労回復の効果があります。

**2. エネルギー源にも**

いも類は炭水化物を多く含むので、主食以外のエネルギー源にもなります。上手にセレクトしていきましょう。

**100gあたりの栄養価**

[ ながいも・生 ]

| | |
|---|---|
| エネルギー | 65kcal |
| たんぱく質 | 2.2g |
| 脂質 | 0.3g |
| 炭水化物 | 13.9g |

**多く含まれる栄養素**

炭水化物　ムチン　カリウム

## 長いもの麻婆風

エネルギー補給　筋肉づくり　集中力 UP　疲労回復　免疫力 UP

《材料》2人分

- **長いも 300g**
- 油 小さじ2
- たまねぎ 100g
- 豚ひき肉 160g
- 豆板醤 大さじ2
- 塩・こしょう 各少々
- さやいんげん 6本
- 水溶き片栗粉 適量

《つくり方》

1. フライパンに油を熱し、薄切りにしたたまねぎを色が変わるまで炒める。
2. ①に豚肉と薄切りにした長いもを加えて炒め、豆板醤と塩・こしょうで味をととのえる。
3. ②に7cm程度に切ったさやいんげんを加えて炒め、水溶き片栗粉でとろみをつける。

## 長いものしょうゆ焼き

エネルギー補給　集中力 UP

《材料》2人分

- **長いも 200g**
- しそ 4枚
- ポン酢 大さじ2
- 油 小さじ1
- しょうゆ 小さじ2
- 酒 小さじ2

《つくり方》

1. 長いもの皮をむき、薄切りにする。
2. しそは千切りにして、ポン酢と混ぜる。
3. フライパンに油をひいて熱し、①を焼いてしょうゆと酒で味つけする。
4. 器に③を盛りつけたら、②をかける。

# かいわれだいこん

一度に食べる量は多くありませんが、ビタミンが豊富な食材です、
独自の辛みがアクセントに。葉の色が濃い緑色を選びましょう。

### 上手なとり方

食べ方は、サラダやおひたしが一般的。水にさらすほどビタミン群の流失が多くなります。畑栽培ではないため、農薬の心配はありません。水洗いはさっと短時間でOK。

**水洗いは短時間**

### ここがスゴイ！

**1. 高い抗酸化力**

ビタミンCやカロチン、葉緑素（クロロフィル）が酸化を予防します。

**2. 悪玉コレステロールを下げる**

緑色の色素・葉緑素は、悪玉コレステロールの発生を軽減してくれます。

**100gあたりの栄養価**

［ かいわれだいこん・生 ］

| | |
|---|---|
| エネルギー | 21kcal |
| たんぱく質 | 2.1g |
| 脂質 | 0.5g |
| 炭水化物 | 3.3g |

**多く含まれる栄養素**

カロチン　ビタミンC

## かいわれの豆板醤和え

体脂肪ダウン

《材料》2人分

- **かいわれ 40g**
- ラディッシュ 3個
- スプラウト 20g
- じゃこ 20g
- 豆板醤 小さじ1
- 酢 小さじ2
- しょうゆ 小さじ2

《つくり方》

1. かいわれは3cm程度の長さに切る。
2. ラディッシュを薄切りにする。
3. スプラウトは食べやすい大きさに切る。
4. ボウルにすべての材料を入れて和える。

新芽にはミネラルなどの
栄養素がたっぷり！
29
kcal

**Point**

あえて時間をおくことで、かいわれがしんなりして食べやすくなります。つくったらしばらく冷蔵庫に入れておきましょう。

# なす

「なす」の 90% 以上は水分です。紫色の色素には、
抗酸化力が高い成分が含まれ、選手にはうれしい野菜です。

### 上手なとり方

夏野菜に代表されるなすは、夏場の水分補給にぴったりの食材です。皮に含まれるアントシアニンは水に溶けやすい性質のため、スープにするのがおすすめ。調理の際は、水にさらしすぎないよう注意。

### ここがスゴイ！

**1. なすの90%以上が水分**

ほとんどが水分ですが、ビタミン類やミネラル成分などをバランスよく含んでいます。

**2. 老化を防ぐアントシアニン**

なすの皮の紫黒色の色素・アントシアニンは、老化を防いで、がんの発生を抑制します。

**100gあたりの栄養価**

[ なす・生 ]

| | |
|---|---|
| エネルギー | 22kcal |
| たんぱく質 | 1.1g |
| 脂質 | 0.1g |
| 炭水化物 | 5.1g |

**多く含まれる栄養素**

アントシアニン　食物繊維

## なすの浅づけ

抗酸化作用　体脂肪ダウン

《材料》2人分

● **なす 60g** ● みょうが 4個 ● 塩 少々 ● Ⓐ[しょうゆ 大さじ1／ごま油 小さじ1／黒ごま 大さじ2]

《つくり方》

1. なすはいちょう切り、みょうがは薄切りにする。
2. ❶を塩でもみ、水洗いする。
3. ボウルに❷を入れて、Ⓐの調味料を加えよくもむ。

## 冷や汁

抗酸化作用　体脂肪ダウン　免疫力 UP

《材料》2人分

● **なす 1本（60g）** ● だし 小さじ1 ● 水 500ml ● 味噌 大さじ2 ● いりごま 大さじ2 ● きゅうり 50g ● 木綿豆腐 60g

《つくり方》

1. 鍋に、だし、水、味噌、いりごまを入れて溶かし、冷蔵庫で冷やす。
2. なすときゅうりを薄切り、豆腐はサイコロ状に切り、さっとゆでたあと冷蔵庫で冷やし、❶とあわせる。

# おくら

夏が旬の「おくら」。ねばねばっとした食感が特徴ですが、
これには整腸作用と胃液を保護する働きがあります。

**上手なとり方**

おくらのねばねばは加熱すると弱まってしまいます。さっと火を通すか、生のままサラダや和え物に使用するのがおすすめです。

おくらのサラダ

**ここがスゴイ!**

## 1. 整腸作用のあるペクチン

ねばねば成分のひとつ、水溶性食物繊維のペクチンには腸を整える作用があります。

## 2. 胃酸から胃壁を守るムチン

糖類とたんぱく質が結合したムチンは、胃壁を保護して、胃腸の調子を整える作用が。

**100gあたりの栄養価**

［おくら・生］

| | |
|---|---|
| エネルギー | 30kcal |
| たんぱく質 | 2.1g |
| 脂質 | 0.2g |
| 炭水化物 | 6.6g |

**多く含まれる栄養素**

ペクチン　ムチン　食物繊維

## おくらのトマト煮

抗酸化作用　免疫力UP

《材料》2人分

●**おくら 6本** ●にんにく 1片 ●たまねぎ 40g ●パプリカ（黄色）20g ●大豆（水煮）40g ●トマト（缶）100g ●油 小さじ1 ●Ⓐ［コンソメ 小さじ1/2 ／水 大さじ2 ／塩・こしょう 各少々／唐辛子 少々］

89
kcal

《つくり方》

❶ 具材を食べやすい大きさに切る。にんにくはみじん切りにし、おくらはさっとゆでる。

❷ フライパンに油をひいて熱し、にんにくと薄切りにしたたまねぎを炒めたら、残りの材料を加えて煮込む。

## おくらキムチ納豆

筋肉づくり　疲労回復　夏バテ予防・回復　骨強化　免疫力UP

《材料》2人分

●**おくら 6本** ●キムチ 60g ●納豆 2パック ●黒ごま 小さじ1 ●しょうゆ 少々

123
kcal

《つくり方》

❶ おくらは板ずりをして、輪切りにする。

❷ ボウルにすべての材料を入れて混ぜる。

# きのこ

きのこは豊富な食物繊維、ビタミン類、ミネラルのほかに、
日本料理の三大旨味成分といわれるグアニル酸を含んでいるのが特徴です。

### 上手なとり方

きのこのグアニル酸は、昆布に含まれるグルタミン酸と合わせるとうま味が数十倍強くなります。また、しいたけは生よりも10分くらい日に当てたほうがビタミンDの含有量がアップします。

### ここがスゴイ！

**1. 食物繊維が豊富**

きのこは全般的に食物繊維が豊富で、ダイエットに最適。体脂肪が気になるときに。

**2. 種類によって効果が変わる**

免疫力はまいたけやしめじ、疲労回復はえのき、カルシウムの吸収アップはしいたけが◎。

**100gあたりの栄養価**

［しいたけ・生］

| | |
|---|---|
| エネルギー | 18kcal |
| たんぱく質 | 3.0g |
| 脂質 | 0.4g |
| 炭水化物 | 4.9g |

**多く含まれる栄養素**

食物繊維　ビタミンD　βグルカン

## きのこのホイル焼き

体脂肪ダウン　便秘予防　免疫力UP

《材料》2人分

● **まいたけ 60g** ● **しいたけ 2枚** ● **しめじ 40g** ● 塩 少々 ● 酒 大さじ2 ● スライスアーモンド 小さじ2

《つくり方》

❶ きのこを食べやすい大きさに切る。
❷ アルミホイルに❶をのせ、塩と酒をふったらスライスアーモンドをのせる。
❸ グリルで10分ほど焼く。

## きのこナムル

体脂肪ダウン　便秘予防

《材料》2人分

● **えのき 100g** ● たまねぎ 40g ● にんじん 20g ● にんにく 1片 ● Ⓐ［白ごま 大さじ2／ごま油 小さじ1／ポン酢 小さじ2／豆板醤 小さじ1］

《つくり方》

❶ たまねぎは薄切りにして塩水にさらす。にんじんはせん切り、えのきは食べやすい長さに切り、さっとゆでる。
❷ ボウルに❶を入れて、おろしたにんにくとⒶの調味料を加え、よく混ぜる。

# はくさい

はくさいは、90%以上が水分でできています。クセのない味わいなので、いろいろなレシピに使えるうれしい食材。むくみ防止にも役立ちます。

### 上手なとり方

はくさいに含まれるビタミンCは、部位によって含有量が異なります。いちばん多く含まれるのが外葉の緑色の部分と芯の部分。破棄してしまいがちなところのほうが豊富なので、切り方を工夫して食べましょう。

### ここがスゴイ！

**1. どんな調理法にも合う**

甘みがあり、たんぱくでクセのない味は、他材料とも相性がよく、調理法を選びません。

**2. ダイエット向きの食材**

はくさいの95%は水分。カリウムを含むので、とりすぎた塩分の排泄に役立ちます。

**100gあたりの栄養価**

［はくさい・生］

| | |
|---|---|
| エネルギー | 14kcal |
| たんぱく質 | 0.8g |
| 脂質 | 0.1g |
| 炭水化物 | 3.2g |

**多く含まれる栄養素**

カリウム　食物繊維

## はくさいのあんかけ

体脂肪ダウン

《材料》2人分

●**はくさい 200g** ●にんじん 20g ●ピーマン 20g ●しいたけ 1枚 ●油 小さじ2 ●Ⓐ［鶏ガラスープの素 小さじ1／水 1カップ／しょうゆ 小さじ2／酒 大さじ2／塩 少々／オイスターソース 小さじ1］●Ⓑ［片栗粉 小さじ2／水 大さじ6］

《つくり方》

1. はくさいはゆで、5cmの長さに切る。
2. にんじん、ピーマン、しいたけはせん切りにする。
3. 鍋に油をひいて熱し、2を炒めたらⒶを加え、火が通ったらⒷの水溶き片栗粉を加える。
4. 器に1を盛りつけ、3をかける。

ごはんにかけてもOK！
野菜が手軽にとれる1品
103
kcal

Column 2

### 常備しておきたい便利な食材

# 選手のマストアイテム

## 目的によって使い分けたい便利な食材

疲労回復、食欲増進、体脂肪コントロールなど、選手のコンディションづくりに欠かせない食材をご紹介します。

まずは、クエン酸や塩分を手軽に補給できる梅干しとキムチ。試合前のグリコーゲンローディング時にもとりたい食材です。発汗量が多くなる夏場は、梅干しやキムチをプラスして手軽に塩分を補給しましょう。

こんにゃくはノンカロリーで食物繊維もたっぷり。体脂肪が気になる選手にはうれしいアイテム。便秘を予防し、血糖値の上昇も抑えてくれます。上手に取り入れて、コンディションづくりに役立てましょう。

キムチ

うめぼし

こんにゃく

## キムチ味噌汁

筋肉づくり　疲労回復

夏バテ予防・回復　免疫力 UP

《材料》2人分

- **白菜キムチ 100g**
- 豚ロース薄切り肉 60g
- キャベツ 40g
- にんじん 20g
- 長ねぎ 20g
- ごま油 小さじ2
- 水 3カップ
- 味噌 大さじ2

《つくり方》

1. 豚肉とキャベツ、白菜キムチは一口大に切る。にんじんは小さめの乱切り、長ねぎは斜め切りにする。
2. 鍋にごま油をひいて熱し、❶を炒め、火が通ったら水を加え、材料がやわらかくなるまで煮る。
3. 味噌を溶かし入れて火を止め、器に盛る。

豚肉、キムチなど具だくさん。
疲労回復の味噌汁！
184
kcal

Chapter.7

# 果物類

エネルギーとなる炭水化物（糖質）や、
発汗などで失われるビタミン、
ミネラル、水分が豊富な食材。
食事だけでなく、
補食などでも取り入れるとよいでしょう。

# 果物類

## 特徴

1. ビタミン、ミネラル、水分を多く含む
2. 炭水化物（糖質）を多く含むので エネルギーの補給にも役立つ
3. 旬の時期は 栄養価が高い

## 理論

◎ エネルギー源となる糖質を多く含む

◎ ビタミン、ミネラルは
コンディションを整えるのに最適

◎ 種類や時期によって
栄養価が大きく異なる

果物には、炭水化物（糖質）が含まれます。これが、意外に知らない選手も多く、ビタミンやミネラルしか含まれないと思ってたくさん食べてしまい、カロリー過多で体脂肪が増える原因になることも。主食からの炭水化物（糖質）とのバランスを考えて食べるのが重要です。

### ● 旬カレンダー

果物も野菜や魚と同じように、旬があります。旬の果物はビタミン、ミネラルも豊富でおいしい！
選手のコンディションに合わせて、選んでいきましょう。

| | 1月 | 2月 | 3月 | 4月 | 5月 | 6月 | 7月 | 8月 | 9月 | 10月 | 11月 | 12月 |
|---|---|---|---|---|---|---|---|---|---|---|---|---|
| りんご | | | | | | | | | | ← | ― | → |
| いちご | | | | ← | → | | | | | | | |
| バナナ | ← | ― | ― | ― | ― | ―（輸入なので通年） | ― | ― | ― | ― | ― | → |
| ぶどう | | | | | | | ← | ― | → | | | |
| みかん | → | | | | | | | | | | ← | ― |
| パイナップル | | | | | | ← | ―（国産の場合） | → | | | | |

## ●おもな果物類の栄養価（100gあたり）

※下記に掲載した栄養素で、数値がいちばん高いものを太字にしています。

| | エネルギー(kcal) | たんぱく質(g) | 炭水化物(g) | 脂質(g) | カリウム(mg) | ビタミンC(mg) | 食物繊維(g) |
|---|---|---|---|---|---|---|---|
| りんご | 54 | 0.2 | 14.6 | 0.1 | 110 | 4 | 1.5 |
| ブルーベリー | 49 | 0.5 | 12.9 | 0.1 | 70 | 9 | 3.3 |
| いちご | 34 | 0.9 | 8.5 | 0.1 | 170 | 62 | 1.4 |
| バナナ | 86 | 1.1 | **22.5** | 0.2 | 360 | 16 | 1.1 |
| オレンジ | 35 | 0.9 | 11.8 | 0.1 | 180 | 60 | 1.0 |
| グレープフルーツ | 38 | 0.9 | 9.6 | 0.1 | 140 | 36 | 0.6 |
| ぶどう | 59 | 0.4 | 15.7 | 0.1 | 130 | 2 | 0.5 |
| アボカド | **187** | **2.5** | 6.2 | **18.7** | **720** | 15 | **5.3** |
| パイナップル | 51 | 0.6 | 13.4 | 0.1 | 150 | 27 | 1.5 |
| キウイ | 53 | 1.0 | 13.5 | 0.1 | 290 | 69 | 2.5 |
| レモン | 54 | 0.9 | 12.5 | 0.7 | 130 | **100** | 4.9 |

※文部科学省・科学技術・学術審議会資源調査分科会「日本食品標準成分表」より

### Point

→バナナは炭水化物が多いので、エネルギー補給に最適。

→アボカドは脂質が多く含まれるのでエネルギーが高いが、たんぱく質も多く含まれる栄養価が高いフルーツ。

→レモンはビタミンCが豊富。ただし量が食べられないため、ビタミンCを補給したい場合は、いちごやキウイがよい。

# りんご

りんごはカリウムや食物繊維が豊富な果物。
体脂肪が気になる選手におすすめです。

### 上手なとり方

りんご1個は約150kcalで、おにぎり1個よりも低いです。満腹感もあるので、体脂肪が気になるときに取り入れましょう。

おにぎり
りんご


### ここがスゴイ！

**1. 下痢や便秘に効果あり**

水溶性食物繊維のペクチンが多いため、腸の動きを活発にし、腸内環境を整えます。

**2. 数種類の有機酸を含む**

りんごの酸味はりんご酸、クエン酸、酒石酸などの数種類で構成されています。

**100gあたりの栄養価**

[ りんご・生 ]

| | |
|---|---|
| エネルギー | 54kcal |
| たんぱく質 | 0.2g |
| 脂質 | 0.1g |
| 炭水化物 | 14.6g |

**多く含まれる栄養素**

食物繊維　カリウム　炭水化物

## にんじんとりんごのサラダ

エネルギー補給　血液づくり　集中力 UP

《材料》2人分

●**りんご 1/2個** ●にんじん 100g ●Ⓐ［オリーブオイル 大さじ1／レーズン 大さじ1／レモン汁・はちみつ 各適量／塩 少々］●（あれば）ミントの葉 適宜

《つくり方》

1. にんじんはピーラーで薄くそぎ切りにする。りんごは細切りにする。
2. ボウルにⒶを入れて混ぜあわせ、1を加えて和える。
3. 器に2を盛り、あればミントの葉を飾る。

調整期に食べるサラダは
糖質が含まれる
野菜やフルーツを！
120
kcal

# ブルーベリー

栄養価が高く、目にも身体にもプラスの効果があるブルーベリー。
動体視力や瞬間視力など、スポーツ選手の眼精疲労にもおすすめです。

### 上手なとり方

ブルーベリーをドライにすることで、生のブルーベリーに比べ、アントシアニンの量がアップします。眼精疲労を感じたとき、運動量が多いときに食べるとよいでしょう。

ドライブルーベリー

### ここがスゴイ!

**1. 目の疲れを取り除く効果あり**

アントシアニン（ブルーベリーの紫の色素）が、眼精疲労や視力回復に効果的です。

**2. 活性酸素と闘う力が強い**

抗酸化力に優れ、さまざまな病気から身体を守ります。アンチエイジング効果も発揮。

**100gあたりの栄養価**

［ブルーベリー・生］

| | |
|---|---|
| エネルギー | 49kcal |
| たんぱく質 | 0.5g |
| 脂質 | 0.1g |
| 炭水化物 | 12.9g |

**多く含まれる栄養素**

アントシアニン　食物繊維

## ブルーベリーレアチーズ

エネルギー補給　関節強化　筋肉づくり　骨強化　免疫力UP

《材料》2人分

● **ブルーベリー 30g** ●粉ゼラチン 2g ●水 大さじ2 ●生クリーム 80g ●レモン 1/4個 ●クリームチーズ 80g ●ヨーグルト 100g ●砂糖 10g

《つくり方》

1. 粉ゼラチンを水でふやかしておく。
2. 生クリームを泡立てる。
3. ボウルにレモンを絞り、残りの材料を加えてよく混ぜる。
4. 容器に3を流し入れて、冷蔵庫で冷やして固める。

成長期や身体づくりなどの
激しい練習のあとに!
376
kcal

# いちご

皮をむかずに食べられるいちごは、選手の手軽な栄養補給にぴったり！
よいコンディション維持のための栄養素が豊富に含まれています。

### 上手なとり方

ケガや風邪の予防、回復などに必要なビタミンCが豊富で、ストレス過多のときも多くとりたい果物です。へたがついたまま洗ったほうが、ビタミンCの流出を防ぐことができます。

いちご

### ここがスゴイ！

**1. ビタミンCをたっぷり含む**

成人が1日に必要なビタミンCが、普通サイズ5〜6粒で摂取することができます。

**2. 免疫力UP・ケガの回復にも**

いちごは免疫力を高めたり、ケガの回復にも効果的。旬の時期にたっぷりとりましょう。

**100gあたりの栄養価**

[ いちご・生 ]

| | |
|---|---|
| エネルギー | 34kcal |
| たんぱく質 | 0.9g |
| 脂質 | 0.1g |
| 炭水化物 | 8.5g |

**多く含まれる栄養素**

ビタミンC　カリウム　炭水化物

## いちごプリン

エネルギー補給　関節強化　筋肉づくり　血液づくり　免疫力UP

《材料》2人分

● **いちご 14個** ● 粉ゼラチン 2g ● 水 大さじ2 ● 調整豆乳 140ml ● ミント 適宜

《つくり方》

1. 粉ゼラチンを水でふやかしておく。
2. いちご5個と豆乳をミキサーにかける。
3. 鍋に1、2を入れて、沸騰する前に火を止める。
4. 容器に3を入れて冷蔵庫で冷やす。
5. 残りのいちごを上に飾る。お好みでミントをのせる。

**Point**

ゼラチンは沸騰すると固まらなくなってしまう性質があります。必ず、沸騰する前に火を止めましょう。

身体づくり期間は
もちろん、
補食にもぴったり！
61 kcal

# バナナ

スポーツ選手のエネルギー補給に食べるイメージのある食材です。
手軽に食べられるので、外出先でも補食にもぴったりの食材です。

### 上手なとり方

手軽に持ち運べるため、コンパクトなエネルギー源として優れています。消化吸収が早いので、運動時の補給にも最適です。ドリンクにすることで、消化吸収がさらに高まります。

バナナジュース

### ここがスゴイ！

**1. エネルギーの補給に**

バナナの甘味成分はエネルギーになりやすい果糖やぶどう糖です。

**2. 便秘の予防に効果あり**

バナナに含まれているフラクトオリゴ糖が便秘を改善してくれます。

**100gあたりの栄養価**

［バナナ・生］

| | |
|---|---|
| エネルギー | 86kcal |
| たんぱく質 | 1.1g |
| 脂質 | 0.2g |
| 炭水化物 | 22.5g |

**多く含まれる栄養素**

炭水化物　カリウム　食物繊維

## バナナジュース

エネルギー補給　筋肉づくり　血液づくり　集中力UP　免疫力UP

《材料》2人分

● **バナナ 2本** ● レモン 1/2個 ● 調整豆乳 1カップ ● 水 1/2カップ ● ヨーグルト 60g ● はちみつ 適宜

《つくり方》

1. レモンを絞る。
2. 1と残りの材料をミキサーにかける。

腹持ちがよいので
朝食や補食にぴったり！
151
kcal

**Point**

バナナをジュースにすることで、消化効率がよくなると同時に、手軽に栄養補給することができます。

# みかん

みかんの薄皮についている白い部分（アルベド）には栄養が凝縮！
実と一緒に食べれば、血管を強化するビタミンPなどが補給できます。

### 上手なとり方

手でむいて食べられるので、手軽な栄養補給にぴったりです。白い部分（アルベド）は血管強化になるので、なるべく食べましょう。

**白い皮も食べよう**

### ここがスゴイ！

**1. 毛細血管を強化する**

皮に多く含まれる成分、ヘスペリジンには、毛細血管の強化や血流改善効果があります。

**2. コラーゲンの吸収を高める**

コラーゲン生成に不可欠なビタミンCが豊富。活性酸素を除去する働きもあります。

**100gあたりの栄養価**

［ みかん・じょうのう・生 ］

| | |
|---|---|
| エネルギー | 46kcal |
| たんぱく質 | 0.7g |
| 脂質 | 0.1g |
| 炭水化物 | 12.0g |

**多く含まれる栄養素**

ビタミンC　ビタミンP　炭水化物

## みかんスムージー

エネルギー補給　疲労回復

《材料》2人分

●**みかん（冷凍）2個** ●レモン 1/2個 ●キャベツ 40g ●水 1カップ

《つくり方》

1. 冷凍みかんは少し解凍してから皮をむく。
2. レモンの皮をむく。
3. すべての材料をミキサーにかける。

ビタミンCと
ビタミンPの効果で
ストレスを緩和！
42
kcal

**Point**

冬に買いすぎてしまったみかんは冷凍しておき、ジュースにすれば無駄になりません。ぜひ試してみてください。

# オレンジ

オレンジは、国内はもちろん、国際的な大会でも出されるほど、
スポーツ選手に必要な栄養素がたくさんつまっています。

### 上手なとり方

練習強度が高いときやエネルギーがほしいときにとりたい果物です。香りの成分には、食欲増進や神経の興奮を抑える作用があり、食欲が落ちたときにとるのも効果的でしょう。

**オレンジジュース**

### ここがスゴイ！

**1. 練習時のエネルギー源に!**

オレンジは炭水化物と水分を含んでいるので、練習時のエネルギー補給と水分補給に最適です。

**2. 活性酸素を除去する働きをする**

ビタミンCを多く含み、抗酸化物質として、活性酸素を除去する働きがあります。

**100gあたりの栄養価**

[ ネーブル・生 ]

| | |
|---|---|
| エネルギー | 46kcal |
| たんぱく質 | 0.9g |
| 脂質 | 0.1g |
| 炭水化物 | 11.8g |

**多く含まれる栄養素**

ビタミンC　ビタミンP　炭水化物

## ドライフルーツ

エネルギー補給

《材料》2人分

●**オレンジ 1個** ●塩 少々

《つくり方》

1. オレンジを塩でこすり洗いをした後、皮ごと1mmに薄切りする。
2. オーブンにキッチンペーパーを敷き、オレンジを重ならないように敷きつめ塩を全体にふる。500Wで8分、加熱する。
3. オレンジの水分が飛ぶまで、何度かくり返す。

**Point**

カットするオレンジの厚さにより、加熱時間を調節してください。しっかり水分を飛ばすことが大切です。

オレンジの甘さと
皮の苦さが
くせになる！
60
kcal

# アボカド

森のバターとも呼ばれ、高カロリーのイメージがありますが
美容を意識する女子選手には、ぜひとってもらたいフルーツのひとつです。

**上手なとり方**

抗酸化作用のあるビタミンEや鉄が多いため、持久的なトレーニングを行ったときにおすすめです。

アボカド

**ここがスゴイ！**

**1. 不飽和脂肪酸が豊富**

血中の善玉コレステロールを増やして、悪玉コレステロールを減らす働きがあります。

**2. 体内脂肪の燃焼を高める**

豊富なビタミン$B_2$、$B_6$により、脂肪を燃焼し、新陳代謝を高めることができます。

**100gあたりの栄養価**

**［アボカド・生］**

| | |
|---|---|
| エネルギー | 187kcal |
| たんぱく質 | 2.5g |
| 脂質 | 18.7g |
| 炭水化物 | 6.2g |

**多く含まれる栄養素**

脂質
ビタミン$B_2$
ビタミンE
食物繊維

## アボカドと生ハムのマリネ

エネルギー補給　抗酸化作用　免疫力UP

《材料》2人分

●**アボカド 1個**　●パプリカ（赤）100g　●生ハム 6枚　●Ⓐ［酢 大さじ4／砂糖 小さじ2／塩 少々］

《つくり方》

❶ アボカドは皮をむき1cm角のサイコロ状に、パプリカは薄切りに、生ハムは食べやすい大きさに切る。
❷ ボウルにⒶを入れて混ぜあわせ、❶を加えて和える。

**Point**

酢の酸味が苦手な人は、代わりにレモンを絞ってもさっぱりと食べることができます。

アボカドは運動量が多いときにおすすめ！
273 kcal

# ぶどう

ブドウ糖と果糖が多く、エネルギーになりやすい食材です。
干しぶどうにすると、鉄や食物繊維、カリウムなどが豊富にとれます。

## 上手なとり方

ぶどうの糖質である果糖とブドウ糖は、吸収されやすい即効性のあるエネルギー源なので、試合前のエネルギー補給におすすめです。

ぶどう

## ここがスゴイ！

### 1. エネルギーになりやすい

体内に吸収されやすいブドウ糖と果糖が多く、とってすぐにエネルギーに変わります。

### 2. 栄養価の高い干しぶどう

ぶどうを干すことで、栄養価が濃縮され、エネルギーと食物繊維が多くとれます。

**100gあたりの栄養価**

| | |
|---|---|
| エネルギー | 59kcal |
| たんぱく質 | 0.4g |
| 脂質 | 0.1g |
| 炭水化物 | 15.7g |

**多く含まれる栄養素**

炭水化物

## ぶどうゼリー

エネルギー補給　関節強化　集中力UP

ひざ・ひじ・腰などの関節を強化したいときに！

《材料》2人分

● **果汁100%ぶどうジュース 1カップ** ● **ぶどう 適宜** ● 粉ゼラチン 2g ● 水 大さじ4

《つくり方》

1. 粉ゼラチンを水でふやかしておく。
2. 鍋にぶどうジュースと1を入れて溶かし、沸騰する前に火を止める。
3. 容器に入れて冷蔵庫で冷やして固め、お好みでぶどうを飾る。

78 kcal

**Point**

キウイや柑橘系のフルーツなどを飾ると、ぶどうに不足しているビタミンCを補うことができます。

# グレープフルーツ

香りやグレープフルーツ独特の苦みにもさまざまな効果があります。
体脂肪が気になるときに最適です。

## 上手なとり方

たっぷりの果汁が水分補給にもなります。デザートとして食べるだけでなく、サラダやパスタなど、料理の食材としても活用できます。

サラダ

## ここがスゴイ！

### 1. クエン酸効果で回復

グレープフルーツに含まれるクエン酸が、疲労回復を促進します。

### 2. 食欲を抑える

苦味成分には満腹感を増進させる効果があり、香りには食欲を抑える効果があります。

**100gあたりの栄養価**

［グレープフルーツ・生］

| | |
|---|---|
| エネルギー | 38kcal |
| たんぱく質 | 0.9g |
| 脂質 | 0.1g |
| 炭水化物 | 9.6g |

**多く含まれる栄養素**

炭水化物　ビタミンC

# グレープフルーツのカルパッチョ

エネルギー補給　筋肉づくり　免疫力UP

《材料》2人分

● **グレープフルーツ 1個** ● スモークサーモン120g ● レタス4枚 ● 亜麻仁油（またはしそ油）小さじ2

《つくり方》

1. グレープフルーツの皮をむく。スモークサーモンとレタスを食べやすい大きさに切る。
2. ボウルにすべての材料を入れて混ぜる。

サーモンと
組み合わせることで
疲労回復効果が！
176
kcal

**Point**

普通のグレープフルーツでもOKですが、実の色が赤いグレープフルーツを使うことで、抗酸化力がアップします。

# パイナップル

パイナップルには、たんぱく質の消化を助ける酵素が含まれているため、身体づくりに欠かせないたんぱく質を効率よくとることができます。

### 上手なとり方

疲れているときの疲労回復に効果的です。缶詰めは砂糖に漬けてあるのでNG。

缶詰め

パイナップル

### ここがスゴイ!

**1. 肉や魚などの消化を促進**

ブロメラインというたんぱく質分解酵素が、たんぱく質の消化を高めます。

**2. エネルギー補給に最適**

炭水化物(糖質)を多く含む果物なので、身体を動かすエネルギーが補給できます。

**100gあたりの栄養価**

[ パイナップル・生 ]

| | |
|---|---|
| エネルギー | 51kcal |
| たんぱく質 | 0.6g |
| 脂質 | 0.1g |
| 炭水化物 | 13.4g |

**多く含まれる栄養素**

炭水化物 / ビタミンC / ブロメライン

## パインパンケーキ

エネルギー補給　集中力 UP

《材料》2人分

・**パイナップル 200g**・小麦粉 1カップ・ベーキングパウダー 小さじ1・卵 2個・三温糖 20g・牛乳 50ml

《つくり方》

1. オーブンを170度に予熱する。
2. パイナップルを粗みじん切りにする。
3. 小麦粉とベーキングパウダーを合わせてふるっておく。
4. ボウルに卵、3、三温糖、牛乳を入れ、切るように混ぜたら、パイナップルを加える。
5. 容器に4を流し入れ、オーブンで30分焼く。

手軽にエネルギー補給したいときにおすすめ!
203 kcal

# キウイ

カットしてすぐ食べられる手軽さと、爽やかな甘酸っぱさが魅力のキウイ。抗酸化作用があり、風邪や生活習慣病の予防にもよいといわれています。

### 上手なとり方

身体づくりの時期には、たんぱく質分解酵素が豊富なキウイを積極的にとりましょう。

キウイ

### ここがスゴイ！

**1. たんぱく質の分解酵素を含む**

アクチニジンというたんぱく質分解酵素が含まれており、胃腸への負担を軽減します。

**2. 食物繊維の効果で便秘の解消に**

フルーツの中でも圧倒的に多く食物繊維が含まれています。便秘解消の強い味方！

**100gあたりの栄養価**

［キウイ・生］

| | |
|---|---|
| エネルギー | 53kcal |
| たんぱく質 | 1.0g |
| 脂質 | 0.1g |
| 炭水化物 | 13.5g |

**多く含まれる栄養素**

ビタミンC／食物繊維／カリウム／炭水化物

## キウイとセロリのサラダ

エネルギー補給　体脂肪ダウン

《材料》2人分

● **キウイ 2個** ● セロリ 100g ● きゅうり 100g ● Ⓐ［オリーブオイル 小さじ2／レモン汁 適量／塩 少々］

《つくり方》

1. キウイは皮をむいていちょう切りにする。セロリは薄切りに、きゅうりは輪切りにする。
2. ボウルに1を入れ、Ⓐを加えて和える。

**Point**

夏場の暑い時期は冷やしてから食べるようにすると、水分やビタミンが効率的に吸収できます。

キウイのビタミンCが
免疫力を高め、
セロリで消化を促進
108 kcal

Chapter.8

# 種実類

運動時に必要量が増えるビタミンやミネラルの補給に最適。
脂質が多く含まれるものもありますが、
種実類の脂質は身体によい不飽和脂肪酸を多く含みます。
トッピングなどで上手に利用したい食材です。

# 種実類

## 特徴

1. 種実類はアーモンドなどのナッツ類と、ごまなどの種子類に分けられる

2. 種子内は小さい実ながら、発芽に必要な成分が詰まっているため栄養価が高い

## 理論

◎ 小さくても栄養価が高い

◎ 脂質が多く含まれる

◎ 脂質には不飽和脂肪酸が多い

種実類は脂質が多く含まれますが、その脂質は不飽和脂肪酸を多く含むのが特徴です。また、疲労回復などに効果のあるビタミン $B_1$ を含むものが多いため、手軽に疲労を回復しながらエネルギーが補給できます。調理する際は吸収を高めるために、すりつぶしたり、細かく刻むのがポイント。

## 食事や間食で活用したい種実

種実類は、脂質だけでなくビタミンやミネラルの宝庫。
種類によって成分は違うものの、スポーツ選手の栄養補給に活用できるアイテムです。

発汗で失われるナトリウムやカルシウムが豊富な種実類。疲労回復に役立つビタミン $B_1$、血行促進や抗酸化作用もあるビタミンEもたくさん含まれています。食事の際には、ごはんや味噌汁、サラダなどにごまをかけると手軽に補給できるのでおすすめ。また、ナッツは練習後の間食にも最適です。

### → ごまをかけて手軽に補給

ごまの香ばしさが、食欲をそそります。刻んだアーモンドをサラダにかけるのもおすすめ。

## ● おもな種実類の栄養価（100gあたり）

※下記に掲載した栄養素で、数値がいちばん高いものを太字にしています。

| | エネルギー (kcal) | たんぱく質 (g) | 炭水化物 (g) | 脂質 (g) | カルシウム (mg) | マグネシウム (mg) | 鉄 (mg) | ビタミン $B_1$ (mg) |
|---|---|---|---|---|---|---|---|---|
| アーモンド（乾） | 598 | 18.6 | 19.7 | 54.2 | 230 | 310 | 4.7 | 0.24 |
| アーモンド（フライ・味付け） | 606 | 19.2 | 22.3 | 53.6 | 210 | 270 | 2.9 | 0.08 |
| カシューナッツ（味付き） | 576 | 19.8 | 26.7 | 47.6 | 38 | 240 | 4.8 | 0.54 |
| らっかせい（乾） | 562 | 25.4 | 18.8 | 47.5 | 50 | 170 | 1.6 | 0.85 |
| ピスタチオ（いり・味付け） | 615 | 17.4 | 20.9 | 56.1 | 120 | 120 | 3.0 | 0.43 |
| ひまわり（フライ・味付け） | 611 | 20.1 | 17.2 | 56.3 | 81 | 390 | 3.6 | **1.72** |
| ヘーゼルナッツ（フライ・味付け） | 684 | 13.6 | 13.9 | 69.3 | 130 | 160 | 3.0 | 0.26 |
| マカダミアナッツ（フライ・味付け） | **720** | 8.3 | 12.2 | **76.7** | 47 | 94 | 1.3 | 0.21 |
| まつ（生） | 669 | 15.8 | 10.6 | 68.2 | 14 | 290 | 5.6 | 0.63 |
| くるみ（いり） | 674 | 14.6 | 11.7 | 68.8 | 85 | 150 | 2.6 | 0.26 |
| ごま（いり） | 599 | 20.3 | 18.5 | 54.2 | **1200** | 360 | **9.9** | 0.49 |
| かぼちゃ（いり・味付き） | 574 | **26.5** | 12.0 | 51.8 | 44 | **530** | 6.5 | 0.21 |
| ぎんなん（生） | 187 | 4.7 | **38.5** | 1.7 | 5 | 53 | 1.0 | 0.28 |
| くり（生） | 164 | 2.8 | 36.9 | 0.5 | 23 | 40 | 0.8 | 0.21 |

※文部科学省・科学技術・学術審議会資源調査分科会「日本食品標準成分表」より

### Point

→ 種実類は脂質が多く含まれるので、カロリーが高い。

→ アーモンドやごまで手軽にカルシウムが補給できる。

→ ごまは鉄やカルシウムなどのミネラルの宝庫。
調理の際は吸収をよくするため、するのがポイント。

# ごま

ごまは、選手にとって特にしっかりとりたい鉄、カルシウム、ミネラルを含んでいます。
常備しておき、ごはんやサラダにかけるなどして、手軽に毎日とりましょう。

**上手なとり方**

カルシウムや鉄をとりたいときは、白ごまよりも黒ごまを選びましょう。すりごまのほうが特に栄養の吸収がよくなります。

黒ごま

**ここがスゴイ！**

## 1. 活性酸素を撃退

ごまに含まれているビタミンE・セサミノール・ゴマリグナンが活性酸素を除去してくれます。

## 2. 手軽にミネラル補給

ごまにはミネラルがたっぷり。不足しがちなカルシウムと鉄を効率的にとることができます。

**100gあたりの栄養価**

**［ごま］**

| | |
|---|---|
| **エネルギー** | 578kcal |
| **たんぱく質** | 19.8g |
| **脂質** | 51.9g |
| **炭水化物** | 18.4g |

**多く含まれる栄養素**

カルシウム／脂質／マグネシウム／ビタミンE／セサミノール／鉄

## ごま和え

体脂肪ダウン

《材料》2人分

●**黒ごま 大さじ4** ●水菜 20g ●セロリ 40g ●だし 小さじ1

《つくり方》

❶ 水菜を3cmの長さに切る。セロリは薄切りにする。
❷ ボウルに❶と黒ごま、だしを入れてよく混ぜる。

## 豚のごまづけ焼き

筋肉づくり　疲労回復　免疫力UP

《材料》2人分

●**黒ごま 大さじ4** ●**白ごま 大さじ2** ●豚ロース 100g ●塩・こしょう 各少々 ●油 小さじ1

《つくり方》

❶ 豚肉を一口大に切って塩・こしょうをし、黒ごまと白ごまをまぶす。
❷ フライパンに油をひいて熱し、❶を焼く。

# ナッツ

コレステロール抑制効果があり、栄養価も高い食材です。
ただし、カロリーが高いので食べすぎないように注意しましょう。

### 上手なとり方

食事の際にサラダなどにトッピングすることで、手軽に補給。ただし、食べすぎは禁物。揚げていたり、塩分が強く加工されたものはさけるようにしましょう。

トッピング

### ここがスゴイ！

**1.** エネルギー補給に

ナッツの中でもっともエネルギーが高いのがくるみ。選手のエネルギー補給には最適です。

**2.** 補食に最適

エネルギーやミネラルが豊富で、手軽に補給できるので、補食にも最適です。

**100gあたりの栄養価**

**［ アーモンド・乾 ］**

| | |
|---|---|
| **エネルギー** | 598kcal |
| **たんぱく質** | 18.6g |
| **脂質** | 54.2g |
| **炭水化物** | 19.7g |

**多く含まれる栄養素**

脂質　ビタミンE　マグネシウム

## アーモンドのサラダ

エネルギー補給　集中力UP　骨強化

《材料》2人分

●**アーモンド 40g** ●**スライスアーモンド 2g** ●かぼちゃ 100g ●さつまいも 100g ●マヨネーズ 大さじ4 ●塩・こしょう 各少々

371
kcal

《つくり方》

❶ かぼちゃとさつまいもを500Wの電子レンジに約8〜10分かけ、やわらかくなったらつぶす。

❷ ❶にアーモンドとマヨネーズを加えて、温かいうちに塩・こしょうで味をととのえる。

## 黒糖ナッツ

エネルギー補給　集中力UP　骨強化

《材料》2人分

●**くるみ 60g** ●**アーモンド 30g** ●乾燥小魚 20g ●黒砂糖 40g ●水 大さじ6 ●しょうゆ 小さじ1 ●みりん 小さじ2

402
kcal

《つくり方》

❶ アルミホイルに、くるみ、アーモンド、小魚を入れ、黒糖と水をふりかける。

❷ フライパンに❶をのせ、火にかけてよく混ぜ合わせて黒糖が溶けたら、しょうゆとみりんを加える。

Column 3

あんなに小さな実に栄養がいっぱい！

# ナッツを食べよう

## 種実類を常備して ビタミン・ミネラルを補給

アーモンド、カシューナッツ、ピーナッツなどをエネルギーだけでなく、ビタミンやミネラルの補給に補食として取り入れている選手もいます。

ナッツ類のビタミンは、ビタミンの中でも抗酸化作用があるビタミンEが豊富なので、ビタミンAやビタミンCを多く含むトマトジュースやオレンジジュースなどと一緒にとるのがおすすめです。これはACE（エース）のビタミンといって、ビタミンA、ビタミンC、ビタミンEを一緒にとることで、抗酸化作用がアップするためです。

選び方のポイントは、食塩を添加しているものは夏場などの発汗量が多いときにぴったり。また、小魚とナッツが一緒になったものもありますが、これは成長期の子どもだけでなく、運動強度が高いときなどの補食にも最適です。

今回のナッツの紹介レシピで、くるみと小魚を使ったものがありますが、これは実際にJリーガーがつくって食べているものです。ナッツは高カロリーですが、運動強度が高いときには効率よく栄養素が補給できるので、こういったものを補食に取り入れて、体重のコントロールやコンディションの維持に活用しているのです。

ただし、体脂肪が気になる選手は、くれぐれも身体によいからといってとりすぎないよう、注意が必要です。

Chapter.9

# 油脂・調味料類

料理の味や風味を左右する、油脂や調味料類。
味付けに普段何気なく使っているものでも、
大切な栄養やカロリーなどを含んでいるので、
その栄養価にも気をつけてみましょう。

# 油脂・調味料類

## 特徴

1. 脂肪は植物性と動物性に分けられる
2. 脂質を多く含むので、少量でエネルギーが補給できる
3. 種類によって含まれる脂肪酸の種類が異なり、それによる身体への効果が大きく異なる
4. 調味料は原材料・成分をよく比較して購入すること

## 理論

### 脂質はとりすぎると体脂肪になる

油（脂質）は 1g で 9kcal もある栄養素。たんぱく質や炭水化物（糖質）は 1g で 4kcal なので、その 2 倍！　効率よくエネルギーを補給したいときはうれしい成分ですが、多くの選手の場合は、いかにこの脂質を抑えるかがポイントになってきます。

### 調味料を選ぶときは慎重に!

調味料はメーカーによっても大きく内容が異なります。表示成分やカロリーをよく見てから、購入しましょう。上手に選べば、塩分をはじめ、ミネラルの補給ができます。

## よい油・悪い油

油（脂質）＝悪いというイメージが強い成分ですが、その種類によって効果が分かれます。

油で特に注意したいのは「トランス脂肪酸」。これはマーガリンやショートニングなどの加工脂に多く含まれています。酸化や加熱に安定性があり、風味がよいため、加工食品やファーストフードなどでも利用されています。ただし、これはとりすぎると悪玉コレステロールを増やし、善玉コレステロールを減らしてしまう悪い油（脂質）といえます。逆に、必須脂肪酸といって食事からとらなければいけない油（脂質）もあります。きちんと種類を見極めてとりましょう。

## ● おもな油脂・調味料類の栄養価（100g あたり）

※下記に掲載した栄養素で、数値がいちばん高いものを太字にしています。

| | | エネルギー (kcal) | たんぱく質 (g) | 脂質 (g) | 炭水化物 (g) | 飽和脂肪酸 (g) | 多価不飽和脂肪酸 (mg) | コレステロール (mg) |
|---|---|---|---|---|---|---|---|---|
| 油脂類 | オリーブ油 | 921 | 0 | **100.0** | 0 | 13.29 | 7.24 | 0 |
| | ひまわり油 | 921 | 0 | **100.0** | 0 | 10.25 | **57.94** | 0 |
| | 大豆油 | 921 | 0 | **100.0** | 0 | 14.87 | 55.78 | 1 |
| | なたね油 | 921 | 0 | **100.0** | 0 | 7.06 | 26.10 | 2 |
| | とうもろこし油 | 921 | 0 | **100.0** | 0 | 13.04 | 51.58 | 0 |
| | 調合油 | 921 | 0 | **100.0** | 0 | 10.97 | 40.94 | 2 |
| | ごま油 | 921 | 0 | **100.0** | 0 | 15.04 | 41.19 | 0 |
| | ラード | **941** | 0 | **100.0** | 0 | 39.29 | 9.81 | 100 |
| | 有塩バター | 745 | 0.6 | 81.0 | 0.2 | **50.45** | 2.14 | **210** |
| | マーガリン | 758 | 0.4 | 81.6 | 1.2 | 21.86 | 23.57 | 5 |
| | ショートニング | 921 | 0 | **100.0** | 0 | 33.86 | 9.93 | 4 |
| 調味料 | マヨネーズ | 703 | 1.5 | 75.3 | 4.5 | 6.69 | 27.25 | 60 |
| | ケチャップ | 119 | **1.7** | Tr | **27.4** | 0.01 | 0.01 | (0) |

※文部科学省・科学技術・学術審議会資源調査分科会「日本食品標準成分表」より
※ 0 … 検出されなかった、または含まれてはいるが成分の記載限度に達していないもの
※ Tr … 数値が微量のもの。含まれてはいるが成分の記載限度に達していないもの（Tr=Trace）
※(0)… 推定値が 0 のもの。文献等により含まれていないと推定される成分については測定していないが、
何らかの数値を示してほしいとの要望が強かったもの

### Point

→ 油脂類は三大栄養素のうち、脂質がほとんどをしめる高エネルギー食品。
→ 油脂類は種類によって脂肪酸の含有量が異なるので、特徴をつかんで使うとよい。
→ 調味料の中でもケチャップは炭水化物が多いのが特徴。
→ 調味料は上手に利用すればエネルギー補給になるが、
炭水化物のとりすぎを気にしている選手は注意が必要。

Column 4

## メーカーや製品によって中身が違う

# 調味料の原材料や成分を比較

主要な調味料の成分と特徴をまとめました。カロリーをカットしたもの、原材料にこだわったものなどメーカーによって特徴が違うので、選手の状態や味の好みに合わせてセレクトしましょう。

### マヨネーズ（マヨネーズ全卵型）

100gあたりの栄養価

- エネルギー……703kcal
- たんぱく質……1.5g
- 脂質……75.3g
- 炭水化物……4.5g

卵、食塩、酢、香辛料に油を少しずつ混ぜて乳化させたもの。そのため脂質が多く、高カロリー。体脂肪が気になる選手は控えたい調味料です。

### バター（有塩バター）

100gあたりの栄養価

- エネルギー……745kcal
- たんぱく質……0.6g
- 脂質……81g
- 炭水化物……0.2g

料理にコクがでますが、飽和脂肪酸が多いため、とりすぎは生活習慣病の原因になります。もちろん体脂肪が気になる選手は、控えたい食材。

### 砂糖（上白糖）

100gあたりの栄養価

- エネルギー……384kcal
- たんぱく質……(0)g
- 脂質……(0)g
- 炭水化物……99.2g

白砂糖よりは黒砂糖のほうが、ミネラルとビタミンが微量ながら含まれます。また、はちみつやメープルシロップなどにもミネラルが含まれるので、使用するならば黒砂糖やはちみつなどを。

### 食塩（食塩）

100gあたりの栄養価

- エネルギー……0kcal
- たんぱく質……0g
- 脂質……0g
- 炭水化物……0g

精製塩ではなく、食塩や粗塩がおすすめ。商品によってミネラルの含有量がまったく異なるため、購入する際は成分値をチェックしましょう。

### しょうゆ（濃口しょうゆ）

100gあたりの栄養価

- エネルギー……71kcal
- たんぱく質……7.7g
- 脂質……0g
- 炭水化物……10.1g

塩分の補給をしたいときは、濃口よりは薄口しょうゆを使用するのがコツ。名前のイメージと違い、実は薄口しょうゆのほうが塩分が高いのです。

### 味噌（米味噌・淡色辛味噌）

100gあたりの栄養価

- エネルギー……192kcal
- たんぱく質……12.5g
- 脂質……6g
- 炭水化物……21.9g

蒸した大豆に麹菌を加えて、発酵熟成させたもの。豆が原料なので、たんぱく質がわずかではあるが含まれます。塩分の補給にも適した食材です。

Chapter.10

# 強いスポーツ選手を育てるために

試合の前後の食事のタイミングや、
ケガや疲労回復に役立つ食材などをテーマ別に紹介。
強いスポーツ選手を育てるために知っておきたい情報を
わかりやすくピックアップしました。

## 最高のパフォーマンスを発揮するための

# 試合に向けた食事のとり方

### グリコーゲンローディング

身体にエネルギー（＝グリコーゲン）をためて、持久力をアップする食事方法です。
試合３日前〜当日にかけて行います。

㊎ **土曜日が試合の場合**

| 月 | 火 | 水 | 木 | 金 | 土 | 日 |
|---|---|---|---|---|---|---|
| | | グリコーゲンローディング | | | 試合 | |

**① 普段の 1.5 倍〜 2 倍の炭水化物（糖質）をとる**

ごはん　もち　パン

**② たんぱく質は減らす**

からあげ　グリルチキン　チーズ

**③ 脂質は控える**

肉脂　油　バター

**④ ビタミン $B_1$ をとる**

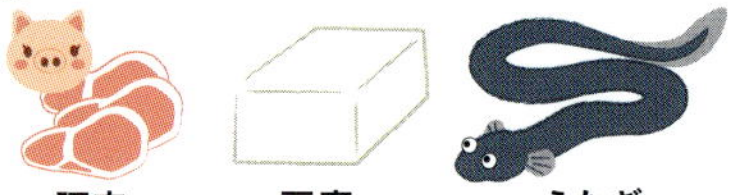

豚肉　豆腐　うなぎ

## グリコーゲンローディングとは

試合3日前〜当日にかけて、食事を炭水化物（糖質）中心にすることで身体にグリコーゲン＝エネルギーをためて、持久力をアップする食事方法のことです。

年齢が若い選手の場合や、持久力がそれほど必要ではない競技の場合は、試合2日前もしくは前日から食事を炭水化物（糖質）中心にしてもよいでしょう。たとえばごはんやパン、パスタ、麺類などの穀類やフルーツなど、炭水化物（糖質）を多く含むものがおすすめです。

ごはんには、ビタミン$B_1$が多く含まれるビタミン強化米をまぜて炊くとよいでしょう。パンは、バターなどを多く使った脂質の高いクロワッ

## さらに上手にグリコーゲンローディングをするために

◎ 試合本番の前にグリコーゲンローディングを行ってみる

◎ 食物繊維などはさける

### 【とりたい食材】

おにぎり
もち
パン
フルーツ
うどん
うどん
スパゲッティミートソース

### 【控えたい食材】

油
油
バター
バター
からあげ
わかめ
こんにゃく
さつまいも

サンやデニッシュなどはさけましょう。うどんの場合は、もちをのせた力うどんがおすすめ。パスタは脂質を控えた豚赤身肉を使用したミートソースや、油を控えたナポリタンがよいでしょう。

主食は炭水化物（糖質）のよい供給源ですが、意識しないと脂質も一緒にとってしまいがちです。油を控えて調理することはもちろん、サンドイッチのバターやマヨネーズは控えるなどしましょう。

また、試合前にとんかつや、お弁当に食べやすいからとからあげをもってきている小中高生の選手をみかけます。脂質からエネルギーをとるよりは、その分を炭水化物（糖質）にまわして消化も考慮しましょう。

食物繊維を含む海藻やこんにゃく、さつまいもなどもNG。

試合に向けてコンディションを整えよう

# 試合時間に合わせて食事を!

## 午前に試合がある日

試合開始3時間半〜3時間前に炭水化物（糖質）中心の朝食をとります。試合後の昼食では、たんぱく質を中心に。「試合で疲れていても食べられる」のが強くなる条件です。

**6:30**
朝食

**うどん、ヨーグルト、果汁100%ジュース**

Point　**朝食は必ず食べる**

試合開始の3時間半〜3時間前には朝食をすませます。エネルギーになりやすく、消化のよいごはんやもちや雑炊、うどんなどの麺類がおすすめです。

**10:00**
試合

**こまめに給水　試合後は果汁100%ジュースなどを**

**12:00**
昼食

**ごはん、豚の五目炒め（P47）、アボカドと生ハムのマリネ（P172）、つみれ汁、牛乳、果物（オレンジ1個）**

Point　**たんぱく質を摂取!**

試合で壊れた筋肉を補修するために、たんぱく質をとりましょう。糖質は控えめにし、おかずを多めに摂取するのがコツです。運動で失われたミネラルやビタミンも食事でしっかり摂取しましょう。

### 試合前の食事は3時間〜3時間半前までが基本

試合でこれまで練習してきた力を充分に発揮するためには、試合時間に合わせて食事時間を調整することが大切です。

午前中に試合がある場合と午後に試合がある場合、1日に2回試合がある場合など、それぞれ、食事のタイミングを考えて行動することが基本です。いずれの場合も、試合前の食事は、試合の3時間〜3時間半前までにすませるということを覚えておきましょう。もしも試合時間や移動時間などの都合で、3時間半前までに食事がとれないときは、量を減らすなどして遅くとも試合の2時間前までに炭水化物（糖質）を中心とした軽食をとるようにします。

## 午後に試合がある日

朝食はいつもと同じくらいまたは少なめの量をとります。試合前の軽食でエネルギーをしっかりとりましょう。

**7:00**
**朝食**

おにぎり 2 〜 3 個、目玉焼きマッシュポテト添え、味噌汁、ヨーグルト、果汁 100% ジュース

**10:00**
**軽食**

スパゲッティミートソース、バゲット 2 切れ、牛乳、果物（オレンジ 1/2 個）またはビビンバ風丼、ヨーグルト、果汁 100% ジュース

Point 軽食でエネルギーチャージ

試合の 3 時間半〜 3 時間前に、お昼ではなく軽食（補食）を。ボリュームを減らしたおにぎりやうどんなどを食べて、軽くエネルギーをチャージしておきます。

**13:00**
**試合**

こまめに給水　試合後はフルーツや果汁 100% ジュースなどを

**15:00**
**昼食**

ごはん、牛ステーキしょうがダレかけ（P54）、ブロッコリーの豆腐サラダ（P147）、にんにくスープ、ヨーグルト、果汁 100% ジュース

昼食の時間がいつもより遅くなった日は、夕食の時間を少し遅らせるとよいでしょう。上記の場合は、19:00 くらいがベスト。夕食のメニューではたんぱく質を積極的に摂取しましょう。

## 1 日に 2 回試合がある日

1 試合目が終わったらすぐに糖質中心の間食をとります。試合が続くので、消化が早いメニューに限定しましょう。

**6:00**
**朝食**

チキンサンド、牛乳、バナナ

Point 炭水化物（糖質）を軽めに摂取

朝早くに試合があるときは、試合の 2 時間半〜 2 時間前に、糖質が中心の軽めの朝食を食べます。ボリュームはいつもより減らすように心がけます。

**8:00**
**試合**

こまめに給水　試合後はフルーツや果汁 100% ジュースなどを

**10:00**
**昼食**

さけ弁当、チーズ 1 切れ、果汁 100% ジュース

Point 昼食でしっかり炭水化物（糖質）を!

次の試合までに 2 時間以上あるなら、終わってすぐに消化のよい力うどんやスパゲッティミートソースなどを食べて OK。

**13:00**
**試合**

こまめに給水　試合後はフルーツや果汁 100% ジュースなどを

種類や調理法を意識しよう

# オフの食事のとり方

通常の80％が基本

## 低カロリーと低脂肪の部位を選ぼう

肉は食べる部位によって、カロリーも大きく異なります。カロリーを抑えたいオフの食事では、選ぶ肉の部位について特に注意をしたいもの。

### 鶏肉

もも肉より、胸肉やささみなど脂が少ない部位を。ゆっくり火を通すことで、しっとりと仕上がります。

もも肉（皮なし）

| カロリー | たんぱく質 | 脂質 |
|---|---|---|
| 138kcal | 22 g | 4.8 g |

ささみ肉

| カロリー | たんぱく質 | 脂質 |
|---|---|---|
| 114kcal | 24.6 g | 1.1 g |

### 豚肉

バラ肉はうま味はありますが、脂身が多い分高カロリー。肩肉やもも肉に置き換えましょう。

バラ肉

| カロリー | たんぱく質 | 脂質 |
|---|---|---|
| 386kcal | 14.5 g | 34.6 g |

（上）肩ロース、（下）もも肉

| カロリー | たんぱく質 | 脂質 |
|---|---|---|
| 253kcal | 17.1 g | 19.2 g |
| 183kcal | 20.5 g | 10.2 g |

### 牛肉

牛肉を食べるときは、脂身をはずしてカロリーカット。もも肉などを使うのもおすすめ。

バラ肉

| カロリー | たんぱく質 | 脂質 |
|---|---|---|
| 454kcal | 12.5 g | 42.6 g |

（上）肩薄切り肉、（下）もも肉

| カロリー | たんぱく質 | 脂質 |
|---|---|---|
| 257kcal | 16.8 g | 19.6 g |
| 209kcal | 19.5 g | 13.3 g |

### 摂取するエネルギーは通常の80％ぐらいを心がけて

オフは、練習や試合期間ではないからといって、何を食べてもいいというわけではありません。意識したいのは摂取カロリー。オフは身体を休めることが多いので消費カロリーは少なくなり、いつもと同じカロリーを摂取してしまっては体脂肪が増える原因にもなりかねません。それによって、身体にキレがなくなることはもちろん、ケガの原因にもなります。いつもの80％くらいをとるようにイメージするとよいでしょう。

### 調理法や選ぶ食材の部位でバランスよくカロリーオフ

食事量を80％に落とすといっても、ファーストフードや単品の簡単

## 量のコントロールが重要

オフ期に、いつもの食事量が大きく変わってしまうことがないようにしましょう。

### 食べすぎてしまう

**原因**

- きつい練習で食欲がなかった反動
- シーズン中と同じ調子で食べてしまう

**問題点**

- 脂肪がつくので、身体にキレがなくなる
- ケガをしやすくなる

### 食べなくなる

**原因**

- 運動量が減ったことで食欲も減ってしまう
- 食事への意識が薄れる

**問題点**

- 疲れがとれにくい
- 成長のための栄養が不足する

## オフの日におすすめのレシピ

オフの日だからといって手軽なファーストフードや単品メニューに頼るのはNG。脂質のとりすぎに注意しながらきちんと栄養もとりましょう。

### 焼き魚・刺身

オフ期でもたんぱく質はとりましょう。高たんぱくで低脂肪・低カロリーな魚中心の主菜がおすすめです。

### 緑黄色野菜たっぷりのサラダ

抗酸化力の高いビタミンやミネラルを含む野菜はとりましょう。当然、食べすぎには注意が必要です。

### 茶碗蒸し

疲労回復やコンディションなどに関与するアミノ酸がバランスよく含まれている卵を使ったレシピ。

な食事にするのでは、栄養のバランスが偏ってしまいます。朝、昼、夕の3食・6項目をとるという意識をもち、変えることなく、全体的にまんべんなく減らしましょう。とくにたんぱく質やビタミン、ミネラルをしっかりとることは必須です。

また、肉を食べるときも、脂身を避けて赤身にすれば、自然とカロリーが控えられます。

オフは麺類のみ、パンのみなどの炭水化物（糖類）に偏りがちな選手もいるので、そうならないように気をつけましょう。また、調理法も油を使わないようにすると、カロリーをさらにカットすることができます。ごはんに卵をかけたり、パンにチーズをのせるなどして、炭水化物（糖質）のみの食事にならないようにすることもオフの食事のポイントです。

食材を上手に選ぼう!

# オフ・減量時の食事のとり方

## おすすめ食材

こんにゃく
きのこ
キャベツ
豆
海藻
にんじん
ほうれん草
いか
たこ

低カロリーや食物繊維が多いものを選ぶようにしましょう。

## サラダを食べるときの注意点

野菜をサラダにして食べる場合は、ドレッシングに注意しましょう。何気なくかけているドレッシングだけでおにぎり半分のカロリーをとってしまうこともあります。オフや減量中は市販のドレッシングを使う場合はノンオイルにしましょう。

## 低カロリー食材を取り入れて

オフや減量中の選手は、食事量を減らしてカロリーを抑えることが基本です。しかし中には、お腹が空いてしまったり、それがストレスになり逆に過食をしてしまうことも。そういった場合は、上記のおすすめ食材をメニューに取り入れましょう。

これらの食材はノンカロリーなことはもちろん、食物繊維が含まれ血糖値の上昇を防ぎます。食べる順番で吸収のスピードは変わりますが、体脂肪が気になる選手はこれらの食材から食べるような習慣をつけましょう。また食物繊維は便秘を予防したり、満腹感を得られる効果も期待できます。鍋やスープなどの汁物に取り入れるのもおすすめ。

身体を強化する合宿の目的を達成しよう

# 合宿の食事のとり方

## 必要な栄養素を見極めてつくる

肉　魚　卵

乳　豆　野菜

合宿では、目的に合わせた食事を用意します。肉、魚、卵といったたんぱく質と不足しがちな野菜がしっかりとれるようにしましょう。

## 練習が終わったらすぐに食事を

練習後 30 分以内に摂取する栄養が身体をつくります。できれば、練習が終わったらすぐに選手が食事をとれる環境を整えることが大切です。

## おすすめメニュー

例　具だくさんカレー

- にんじん、じゃがいも、豚肉、たまねぎなどの具を大きめに切ることで、食べごたえを出します。
- 具をたっぷり入れることでたんぱく質もとれるので、合宿・遠征にぴったり。

## たんぱく質を多めが基本！チーム全体で意識を高める

ハードな練習をして、体をつくるチャンスでもある合宿のときこそ、たんぱく質を取り入れるようにすることが大切です。といっても施設にある調理器具や買い出しする場所や予算なども限られています。なかなかそういう中で、理想通りの食事ができないという声をよく聞きますが、事前に調査や計画をしてどこまでやるかを確認するとよいでしょう。

また、当番制で食事をつくる場合はカレーや焼きそばなどの高カロリーで炭水化物（糖質）中心の献立になってしまいがちです。そんなときは野菜や肉などを多くして、同じメニューでも具だくさんにして食べやすくすることもおすすめです。

補食はタイミングと種類

# 補食のとり方

## 練習後の補食

**タイミング**

トレーニング後30分以内

**必要な栄養素**

炭水化物、たんぱく質

OK
ヨーグルト
ヨーグルト


さけおにぎり　ヨーグルト

練習後30分以内に炭水化物とたんぱく質をとれば、傷ついた筋肉や骨の修復効果が高まります。おにぎりならさけや納豆を選び、パンは乳製品とともに食べて。

## 練習前の補食

**タイミング**

2時間前が目安

**必要な栄養素**

炭水化物、たんぱく質

エネルギー源となるおにぎりや、たんぱく質の多い肉まんなどもおすすめ。サンドイッチなら、脂質の多いマヨネーズやバターはさけましょう。

OK
BLT サンド
バナナ


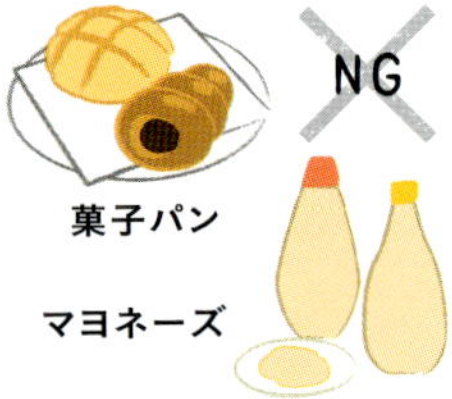

NG
菓子パン
マヨネーズ


### → 補食の理想的なタイミング

空腹のままトレーニングしてもよい結果は出ません。3食しっかり食べたうえで、1日3～4回補食で栄養補給します。練習直前や就寝前の補食は消化不良による腹痛や眠りが浅い原因になりやすいので、ドリンクなど消化のよいものを口にします。

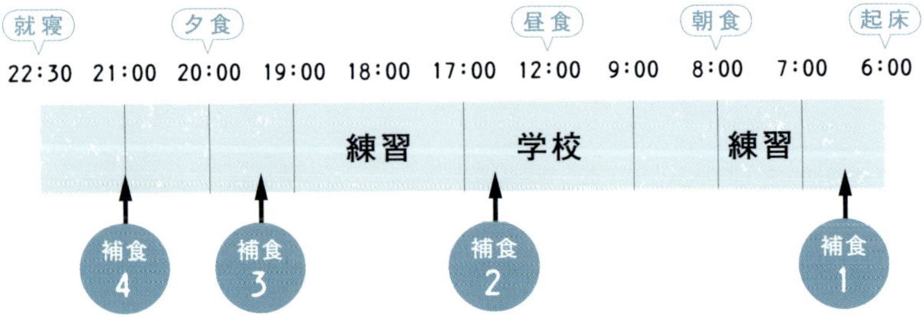

就寝
夕食
昼食
朝食
起床
22:30
21:00
20:00
19:00
18:00
17:00
12:00
9:00
8:00
7:00
6:00
練習
学校
練習
補食 4
補食 3
補食 2
補食 1


**補食④**
練習量が多いときなどは、このタイミングで補食を。

**補食③**
練習後はたんぱく質を含む食品を摂取。水分補給もしっかりと。

**補食②**
給食や学食でカロリーが足りなければ、家からおにぎりなどを持参して。

**補食①**
朝早く練習があるときは、果汁100%ジュースやヨーグルトでもOK。

## バランスのよい献立を意識しながら利用しよう

# 外食&コンビニの上手な使い方

### 外食するときは…

**ひき算**

既成のメニューから、さけたいものを取り除いて食べるテクニック。外食は脂質をとりすぎるので注意。

ハンバーガー
マヨネーズ

**たし算**

外食にありがちな単品メニューに副菜をプラス。主食や主菜に足りない栄養素を加えて、全体の栄養バランスを整えましょう。

ラーメン
サラダ

**チェンジ**

気軽に選べる外食では、つい好きなメニューに偏りがち。ですが、選ぶものを少し変えるだけで体に及ぼす影響も違ってきます。

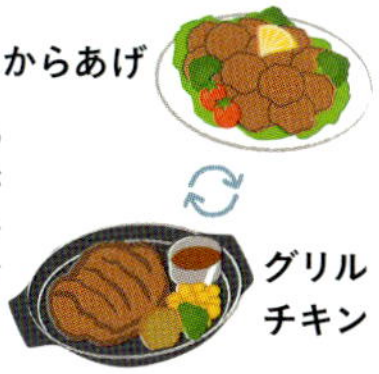
からあげ
グリルチキン

### コンビニでは…

**主食や補食に**

コンビニはおにぎりの種類が豊富。裏面の栄養表示を見て、たんぱく質の多いものを選んで。

おにぎり
肉まん

＋

**たんぱく質**

ゆで卵やヨーグルト、枝豆などはたんぱく質を含む食材です。特に半熟卵は腹持ちもいいのでおすすめ。

ヨーグルト
半熟卵
枝豆

＋

**ビタミン、ミネラル**

サラダはミネラルの多い海藻サラダを選びます。お惣菜は緑黄色野菜を中心に、ビタミンや鉄分たっぷりのメニューを。

サラダ、お惣菜

## 補食はときには便利

選手の身体づくりやエネルギー補給は何を食べるかだけでなく、いつ食べるかというタイミングも重要です。練習や試合後は、なるべく早いタイミングで食事をとりたいものですが、毎回自宅で食事をするのが困難なときもあるでしょう。そんなときに役立つのが外食やコンビニです。

選手の場合、1日3食の食事だけでは必要な栄養素がとりきれないことがあります。また、回数を増やすことで効率よく身体がつくられます。タイミングよく必要な栄養素をとるために、外食やコンビニを使いましょう。ただし、補食＝おやつではありません。身体に必要なたんぱく質や炭水化物（糖質）などの栄養素を取り入れることが大切なのです。

トラブル時は目的に合わせて栄養をとろう

# 症状別の食事のとり方

## 肉離れ、筋肉痛

### 筋肉を修復するたんぱく質

肉離れは筋肉に裂傷が起きた状態です。筋肉痛も筋肉が壊れることで起こります。筋肉を修復するたんぱく質と、たんぱく質の吸収を促進するビタミンC、ビタミン$B_6$をとるようにします。

必要な栄養素

たんぱく質　ビタミン$B_6$　ビタミンC

## 疲労回復

### ビタミン$B_1$をどんどん体内に投入！

疲労物質である乳酸を早く分解するビタミン$B_1$。にんにく、にら、たまねぎなどに含まれるアリシンとともにとると、血中に長く留まり、疲労回復効果が高まります。他にレモンや梅干し、キムチなどに多く含まれるクエン酸も疲れを取り去る効果があります。

必要な栄養素

たんぱく質　ビタミン$B_1$　クエン酸

## ケガを治すためには食事が大事

スポーツによって多いケガや症状は変わりますが、肉離れや骨折、ねんざ、つき指……など選手にトラブルはつきものです。また夏場などは夏バテや熱中症、女性の選手なら貧血も注意したい項目です。

ケガを予防するためにも、毎日しっかり食事をして身体を強化することは欠かせません。しかし予防できないケガもあります。そうしたときにやはり必要なのは、回復するための栄養なのです。

ケガの種類によって回復に必要な栄養素は異なりますが、新しい細胞をつくるためにはたんぱく質が必要です。肉類、魚介類、卵、豆製品、乳製品は意識してとりましょう。

## 貧血

### ヘモグロビンをつくる たんぱく質と鉄を

レバー

貧血というと鉄を思い浮かべがちですが、たんぱく質と吸収を高めるビタミンＣが必要です。

**必要な栄養素**

たんぱく質 / ビタミンC / 鉄

## 骨折

### カルシウム食材には ビタミンDとKを

納豆

当たり負けしない丈夫な骨格をつくり、骨折を防ぐには、たんぱく質やカルシウムを充分にとる必要があります。

**必要な栄養素**

たんぱく質 / ビタミンB群 / カルシウム

## 夏バテ

### 早い時期から体内に ビタミン $B_1$ を貯める

うなぎ

夏バテは疲労が蓄積した状態。トレーニング後すぐにジュースなどで糖質を補給し、その後の食事でビタミン $B_1$ をとります。

**必要な栄養素**

ビタミン$B_1$

## ねんざ

### 腱やじん帯をつくる 栄養素を積極的にとる

豚足

ねんざとは、関節に許容範囲を超える負荷が加わり、じん帯が伸びたり切れたりした状態。ビタミンＣやコラーゲンをとります。

**必要な栄養素**

たんぱく質 / ビタミンC

### ケガこそ新しい細胞をつくり出すチャンス

このときに注意したいのは体重（体脂肪の増加）です。ケガをしているときは練習量が落ちるために、いつもと同じ量を食べていたのでは体重増加につながりかねません。そうなってしまうと今度は、ケガから復帰したときに体脂肪を落とすことも意識しなければならなくなり、悪循環に陥ることもあります。

また、ケガをするとやる気が落ちたり元気がなくなってしまったりしますが、実はケガをしたときこそが新しい細胞をつくるチャンスなのです。落胆せずに、回復するために必要な栄養素を意識してとることで、ケガから1日も早く回復できるように頑張りましょう。

## エネルギー補給


キンパ……21
てまり寿司……21
雑穀米チャーハン……22
焼きそばおにぎり……22
ひじきまぜごはん……23
あずきごはん……23
黒ごま焼き鶏丼……24
玄米入りシーフードサラダ……24
もち3種……25
もち入りけんちん汁……25
フレンチトースト……27
パンケーキ……27
ベーグルサンド……28
フルーツサンド……28
ソーセージロールサンド……29
マリネドッグ……29
鶏そば……31
そばのり巻き……31
きなこうどん……32
肉団子入り煮込みうどん……33
温泉卵のせカレーうどん……33
和風パスタ……34
シーフードトマトパスタ……35
ほうれん草豆乳チーズパスタ……35
豚キムチビーフン……37
カレースープビーフン……37
ちゃんぽん……39
焼き豚冷やし中華……39



グレープフルーツのカルパッチョ……174
パインパンケーキ……175
キウイとセロリのサラダ……176
黒糖ナッツ……181
アーモンドのサラダ……181


## 関節強化


鶏手羽中華スープ……50
牛すじの煮込み……54
牛肉となすのケチャップ炒め……55
牛肉のたたき……55
たこと水菜の梅しそ……84
ささかまのしそチーズ焼き……98
おでん……98
ケランチム……103
ヨーグルトケーキ……107
にんじんゼリー……127
かぼちゃのムース……128
ブルーベリーレアチーズ……167
いちごプリン……168
ぶどうゼリー……173


## 関節強化・ケガ予防


豚足煮……60
鶏なんこつとキャベツ炒め……61



牛肉と枝豆のにんにく炒め……53
野菜の牛肉詰め……53
牛すじの煮込み……54
牛ステーキしょうがダレかけ……54
牛肉となすのケチャップ炒め……55
牛肉のたたき……55
ラムとトマト、ミックスビーンズの炒め物……56
ラムローストバルサミコスソースかけ……56
レバーマリネ……57
レバーパテ……58
豚レバーカレー……58
鶏なんこつとキャベツ炒め……61
生ハムの野菜巻き……62
ハムのピザ風……62
さけのしょうが焼き……67
さけの塩麹焼き……67
さけのたたき……68
さけのクリーム煮……68
さけときのこのしょうゆ炒め……69
さけ南蛮……69
まぐろ納豆……71
まぐろの角煮……71
まぐろのソテーせん切り野菜のせ……72
まぐろステーキポン酢ソース……72
まぐろユッケ……73
まぐろのにんにく炒め……73
あじのチーズ蒸し焼き……74
あじのおろし和え……75
あじの梅煮……75
さんまのなめろう……77
さんまごはん……77

ハムのピザ風 62
さんま蒲焼丼 96
ツナとマカロニのサラダ 97
チーズもち 111
レタス包み 124
にんじんと塩昆布和え 126
にんじんとアーモンド炒め 126
にんじんと卵のサラダ 127
にんじんゼリー 127
かぼちゃバーグ 128
かぼちゃのムース 128
さつまいものヨーグルトサラダ 129
スイートポテト&モンブラン 129
ほうれん草のスムージー 137
ちぢみ 141
しゃきしゃきサラダ 144
ポタージュスープ 145
ポテト入りお好み焼き 145
ブロッコリーのココット焼き 147
四川風サラダ 151
コーンスープ 155
長いものしょうゆ焼き 156
長いもの麻婆風 156
にんじんとりんごのサラダ 166
ブルーベリーレアチーズ 167
いちごプリン 168
バナナジュース 169
みかんスムージー 170
ドライフルーツ 171
アボカドと生ハムのマリネ 172
ぶどうゼリー 173

## 筋肉づくり

てまり寿司 21
あずきごはん 23
黒ごま焼き鶏丼 24
玄米入りシーフードサラダ 24
フレンチトースト 27
パンケーキ 27
ソーセージロールサンド 29
マリネドッグ 29
鶏そば 31
肉団子入り煮込みうどん 33
温泉卵のせカレーうどん 33
和風パスタ 34
シーフードトマトパスタ 35
ほうれん草豆乳チーズパスタ 35
豚キムチビーフン 37
焼き豚冷やし中華 39
スパイシーポーク 45
豚の肉巻き 45
ミートボールトマト野菜煮込み 46
豚汁 46
豚の五目炒め 47
冷しゃぶたまねぎドレッシング 47
チキンとブロッコリーの炒め物 49
チキンのおろし煮 49
鶏手羽中華スープ 50
鶏肉しそごまづけ焼き 50
スタミナチキン南蛮 51
バンバンジー風 51

しめさば 78
焼きさばのねぎダレかけ 78
いわしのスタミナたたき 79
たらのピカタ 80
たらおろし汁 81
たらのチーズフライ 81
ししゃもフライ 82
いかの塩辛 83
たこと水菜の梅しそ 84
えび入りギョウザ 85
かにとちんげん菜のチリ 86
うなたま 87
ほたてシチュー 89
あさりの酒蒸し 90
しじみのスタミナスープ 91
海鮮生春巻き 92
さんま蒲焼丼 96
ツナとマカロニのサラダ 97
さば缶チゲ 97
ささかまのしそチーズ焼き 98
おでん 98
トマトと卵の炒め物 103
ケランチム 103
キッシュ 104
チーズココット 104
かに玉 105
卵サラダ 105
ミルクスープ 106
牛乳味噌鍋 107
ヨーグルトケーキ 107
水切りヨーグルトのカプレーゼ 108

水切りヨーグルトのクリームソースバゲット添え 109
ヨーグルトサラダ 109
チーズグラタン風 110
チーズもち 111
チーズディップ 111
豆腐ハンバーグ 112
高野豆腐ピカタ 113
豆腐の中華炒め 113
チャングッチャン（納豆チゲ） 114
納豆春巻き 115
納豆のチーズ焼き 115
豆とベーコンのトマト煮 116
枝豆とじゃこの落とし揚げ 116
キャベツとチキンの黒酢炒め 122
キャベツドリンク 122
レタス包み 124
レタスのさっと炒め 124
にんじんと卵のサラダ 127
スイートポテト＆モンブラン 129
おろしたまねぎのしょうが焼き 131
トマトとハムのチーズ焼き 134
しょうがカレー 138
冷や奴　ねぎたたきのせ 140
ちぢみ 141
ささみの梅しそ巻き 142
ポテト入りお好み焼き 145
アスパラガスとトマトのごま和え 146
ブロッコリーのココット焼き 147
ブロッコリーの豆腐サラダ 147
おろし煮 151
コーンスープ 155

あさりの酒蒸し 90
しじみのスタミナスープ 91
ひじきサラダ 93
ひじきふりかけ 93
もずく酢のサラダ 94
さば缶チゲ 97
ヨーグルトサラダ 109
たまねぎとツナのサラダ 131
ほうれん草の味噌ダレ 136
ほうれん草のナムル 137
ほうれん草のスムージー 137
冷や奴　ねぎたたきのせ 140
ポタージュスープ 145
にんじんとりんごのサラダ 166
いちごプリン 168
バナナジュース 169


## 血行促進


にんじんとアーモンド炒め 126


## 抗酸化作用


さけのしょうが焼き 67
さけの塩麹焼き 67
さけのたたき 68
さけのクリーム煮 68
さけときのこのしょうゆ炒め 69
さけ南蛮 69

玄米入りシーフードサラダ 24
もち3種 25
もち入りけんちん汁 25
フレンチトースト 27
パンケーキ 27
ベーグルサンド 28
フルーツサンド 28
ソーセージロールサンド 29
マリネドッグ 29
鶏そば 31
そばのり巻き 31
きなこうどん 32
肉団子入り煮込みうどん 33
温泉卵のせカレーうどん 33
和風パスタ 34
シーフードトマトパスタ 35
ほうれん草豆乳チーズパスタ 35
豚キムチビーフン 37
カレースープビーフン 37
ちゃんぽん 39
焼き豚冷やし中華 39
さんま蒲焼丼 96
チーズもち 111
にんじんゼリー 127
かぼちゃバーグ 128
かぼちゃのムース 128
さつまいものヨーグルトサラダ 129
スイートポテト＆モンブラン 129
ほうれん草のスムージー 137
しゃきしゃきサラダ 144
ポテト入りお好み焼き 145

長いもの麻婆風 156
おくらキムチ納豆 159
キムチ味噌汁 162
ブルーベリーレアチーズ 167
いちごプリン 168
バナナジュース 169
グレープフルーツのカルパッチョ 174
豚のごまづけ焼き 180

## 血液づくり

ひじきまぜごはん 23
ほうれん草豆乳チーズパスタ 35
牛肉と枝豆のにんにく炒め 53
野菜の牛肉詰め 53
牛ステーキしょうがダレかけ 54
ラムとトマト、ミックスビーンズの炒め物 56
ラムローストバルサミコスソースかけ 56
レバーマリネ 57
レバーパテ 58
豚レバーカレー 58
ホルモン鍋 59
生ハムの野菜巻き 62
ハムのピザ風 62
まぐろ納豆 71
まぐろの角煮 71
まぐろのソテーせん切り野菜のせ 72
まぐろステーキポン酢ソース 72
まぐろユッケ 73
まぐろのにんにく炒め 73
あじのチーズ蒸し焼き 74
あじのおろし和え 75
あじの梅煮 75
さんまのなめろう 77
さんまごはん 77
しめさば 78
焼きさばのねぎダレかけ 78
いわしのスタミナたたき 79
ピーマンの五目炒め 152
パプリカとチキンのサラダ 153
冷や汁 158
なすの浅づけ 158
おくらのトマト煮 159
アボカドと生ハムのマリネ 172

## 試合前

キンパ 21
焼きそばおにぎり 22

## 集中力UP

キンパ 21
てまり寿司 21
雑穀米チャーハン 22
焼きそばおにぎり 22
ひじきまぜごはん 23
あずきごはん 23
黒ごま焼き鶏丼 24
コーンスープ 155
長いものしょうゆ焼き 156
長いもの麻婆風 156
にんじんとりんごのサラダ 166
バナナジュース 169
ぶどうゼリー 173
パインパンケーキ 175
黒糖ナッツ 181
アーモンドのサラダ 181

## 消化促進

キャベツのカレー粉炒め 121
キャベツのピーナッツ和え 121
キャベツとチキンの黒酢炒め 122
キャベツドリンク 122
だいこんステーキ 150
おろし煮 151

## 食欲増進

たまねぎのカレースープ 132
パセリのふりかけ 148

## 体脂肪ダウン

バンバンジー風 51
ラムとトマト、ミックスビーンズの炒め物 56

ラムローストバルサミコスソースかけ …… 56
さけときのこのしょうゆ炒め …… 69
わかめの酢味噌和え …… 92
海鮮生春巻き …… 92
ひじきサラダ …… 93
ひじきふりかけ …… 93
もずく酢のサラダ …… 94
のりスープ …… 95
キッシュ …… 104
かに玉 …… 105
卵サラダ …… 105
キャベツのピーナッツ和え …… 121
たまねぎのドレッシング …… 132
ミニトマトのしょうがレモンづけ …… 134
ガスパッチョ …… 135
トマトのナムル風 …… 135
ほうれん草の味噌ダレ …… 136
ほうれん草のナムル …… 137
小松菜のかにあんかけ …… 139
ぬた …… 140
にんにくソース …… 143
にんにくのホイル焼き …… 143
パセリのふりかけ …… 148
ピクルス …… 149
きゅうりと豆腐のサラダ …… 154
かいわれの豆板醤和え …… 157
冷や汁 …… 158
なすの浅づけ …… 158
きのこナムル …… 160
きのこのホイル焼き …… 160
はくさいのあんかけ …… 161

まぐろステーキポン酢ソース …… 72
まぐろユッケ …… 73
まぐろのにんにく炒め …… 73
うなたま …… 87
のりスープ …… 95
かに玉 …… 105
豆腐ハンバーグ …… 112
豆腐の中華炒め …… 113
チャングッチャン(納豆チゲ) …… 114
枝豆とじゃこの落とし揚げ …… 116
キャベツのカレー粉炒め …… 121
レタスのさっと炒め …… 124
にんじんと塩昆布和え …… 126
かぼちゃバーグ …… 128
おろしたまねぎのしょうが焼き …… 131
たまねぎのカレースープ …… 132
しょうがカレー …… 138
冷や奴 ねぎたたきのせ …… 140
おくらキムチ納豆 …… 159
キムチ味噌汁 …… 162


## 疲労回復


キンパ …… 21
てまり寿司 …… 21
雑穀米チャーハン …… 22
焼きそばおにぎり …… 22
ひじきまぜごはん …… 23
玄米入りシーフードサラダ …… 24
もち3種 …… 25

まぐろのにんにく炒め …… 73
あじのおろし和え …… 75
あじの梅煮 …… 75
さんまのなめろう …… 77
さんまごはん …… 77
しめさば …… 78
焼きさばのねぎダレかけ …… 78
いわしのスタミナたたき …… 79
いかの塩辛 …… 83
たこと水菜の梅しそ …… 84
えび入りギョウザ …… 85
うなたま …… 87
かきフライ …… 88
ほたてシチュー …… 89
あさりの酒蒸し …… 90
しじみのスタミナスープ …… 91
わかめの酢味噌和え …… 92
もずく酢のサラダ …… 94
さば缶チゲ …… 97
牛乳味噌鍋 …… 107
豆腐ハンバーグ …… 112
豆腐の中華炒め …… 113
チャングッチャン(納豆チゲ) …… 114
豆とベーコンのトマト煮 …… 116
キャベツとチキンの黒酢炒め …… 121
キャベツのカレー粉炒め …… 122
キャベツドリンク …… 122
レタスのさっと炒め …… 124
かぼちゃバーグ …… 128
かぼちゃのムース …… 128
おろしたまねぎのしょうが焼き …… 131

キウイとセロリのサラダ …… 176
ごま和え …… 180

## 夏バテ予防・回復

キンパ …… 21
雑穀米チャーハン …… 22
焼きそばおにぎり …… 22
ひじきまぜごはん …… 23
マリネドッグ …… 29
鶏そば …… 31
そばのり巻き …… 31
肉団子入り煮込みうどん …… 33
シーフードトマトパスタ …… 35
豚キムチビーフン …… 37
カレースープビーフン …… 37
ちゃんぽん …… 39
焼き豚冷やし中華 …… 39
スパイシーポーク …… 45
豚の肉巻き …… 45
ミートボールトマト野菜煮込み …… 46
豚汁 …… 46
豚の五目炒め …… 47
冷しゃぶたまねぎドレッシング …… 47
ホルモン鍋 …… 59
生ハムの野菜巻き …… 62
ハムのピザ風 …… 62
まぐろ納豆 …… 71
まぐろの角煮 …… 71
まぐろのソテーせん切り野菜のせ …… 72

フレンチトースト …… 27
マリネドッグ …… 29
鶏そば …… 31
そばのり巻き …… 31
きなこうどん …… 32
肉団子入り煮込みうどん …… 33
温泉卵のせカレーうどん …… 33
シーフードトマトパスタ …… 35
豚キムチビーフン …… 37
カレースープビーフン …… 37
ちゃんぽん …… 39
焼き豚冷やし中華 …… 39
スパイシーポーク …… 45
豚の肉巻き …… 45
ミートボールトマト野菜煮込み …… 46
豚汁 …… 46
豚の五目炒め …… 47
冷しゃぶたまねぎドレッシング …… 47
チキンとブロッコリーの炒め物 …… 49
チキンのおろし煮 …… 49
鶏手羽中華スープ …… 50
鶏肉しそごまづけ焼き …… 50
スタミナチキン南蛮 …… 51
バンバンジー風 …… 51
レバーマリネ …… 57
ホルモン鍋 …… 59
まぐろ納豆 …… 71
まぐろの角煮 …… 71
まぐろのソテーせん切り野菜のせ …… 72
まぐろステーキポン酢ソース …… 72
まぐろユッケ …… 73

たまねぎとツナのサラダ …… 131
たまねぎのカレースープ …… 132
たまねぎのドレッシング …… 132
トマトとハムのチーズ焼き …… 134
ミニトマトのしょうがレモンづけ …… 134
ガスパッチョ …… 135
トマトのナムル風 …… 135
しょうがカレー …… 138
ぬた …… 140
冷や奴 ねぎたたきのせ …… 140
ささみの梅しそ巻き …… 142
にんにくソース …… 143
にんにくのホイル焼き …… 143
しゃきしゃきサラダ …… 144
アスパラガスとトマトのごま和え …… 146
アスパラガスの豚チーズ巻き …… 146
ピクルス …… 149
ピーマンの五目炒め …… 152
きゅうりと豆腐のサラダ …… 154
長いもの麻婆風 …… 156
おくらキムチ納豆 …… 159
キムチ味噌汁 …… 162
みかんスムージー …… 170
豚のごまづけ焼き …… 180

## 便秘予防

きのこナムル …… 160
きのこのホイル焼き …… 160

## 骨強化


ベーグルサンド……28
和風パスタ……34
ほうれん草豆乳チーズパスタ……35
鶏手羽中華スープ……50
牛すじの煮込み……54
牛肉となすのケチャップ炒め……55
牛肉のたたき……55
豚レバーカレー……58
豚足煮……60
鶏なんこつとキャベツ炒め……61
生ハムの野菜巻き……62
ハムのピザ風……62
さけのクリーム煮……68
まぐろ納豆……71
まぐろのソテーせん切り野菜のせ……72
あじのチーズ蒸し焼き……74
さんまごはん……77
たらのピカタ……80
たらのチーズフライ……81
ししゃもフライ……82
いかの塩辛……83
かにとちんげん菜のチリ……86
かきフライ……88
ほたてシチュー……89
さんま蒲焼丼……96
ささかまのしそチーズ焼き……98
キッシュ……104
チーズココット……104


## 免疫力UP


てまり寿司……21
黒ごま焼き鶏丼……24
玄米入りシーフードサラダ……24
スパイシーポーク……45
豚の肉巻き……45
ミートボールトマト野菜煮込み……46
豚汁……46
豚の五目炒め……47
冷しゃぶたまねぎドレッシング……47
チキンとブロッコリーの炒め物……49
チキンのおろし煮……49
鶏手羽中華スープ……50
鶏肉しそごまづけ焼き……50
スタミナチキン南蛮……51
バンバンジー風……51
牛肉と枝豆のにんにく炒め……53
野菜の牛肉詰め……53
牛ステーキしょうがダレかけ……54
ラムとトマト、ミックスビーンズの炒め物……56
ラムローストバルサミコスソースかけ……56
レバーマリネ……57
レバーパテ……58
豚レバーカレー……58
鶏なんこつとキャベツ炒め……61
生ハムの野菜巻き……62
ハムのピザ風……62
さけのしょうが焼き……67
さけの塩麹焼き……67

さば缶チゲ……97
ささかまのしそチーズ焼き……98
おでん……98
トマトと卵の炒め物……103
ケランチム……103
キッシュ……104
チーズココット……104
ミルクスープ……106
牛乳味噌鍋……107
ヨーグルトケーキ……107
水切りヨーグルトのカプレーゼ……108
水切りヨーグルトのクリームソースバゲット添え……109
ヨーグルトサラダ……109
チーズグラタン風……110
チーズもち……111
チーズディップ……111
豆腐ハンバーグ……112
高野豆腐ピカタ……113
豆腐の中華炒め……113
チャングッチャン（納豆チゲ）……114
納豆春巻き……115
納豆のチーズ焼き……115
豆とベーコンのトマト煮……116
枝豆とじゃこの落とし揚げ……116
キャベツのカレー粉炒め……121
キャベツとチキンの黒酢炒め……122
レタス包み……124
レタスのさっと炒め……124
にんじんと卵のサラダ……127
かぼちゃのムース……128
スイートポテト＆モンブラン……129

ミルクスープ……106
牛乳味噌鍋……107
ヨーグルトケーキ……107
水切りヨーグルトのカプレーゼ……108
水切りヨーグルトのクリームソースバゲット添え……109
ヨーグルトサラダ……109
チーズグラタン風……110
チーズもち……111
チーズディップ……111
高野豆腐ピカタ……113
豆腐の中華炒め……113
チャングッチャン（納豆チゲ）……114
納豆のチーズ焼き……115
豆とベーコンのトマト煮……116
枝豆とじゃこの落とし揚げ……116
かぼちゃのムース……128
さつまいものヨーグルトサラダ……129
スイートポテト&モンブラン……129
トマトとハムのチーズ焼き……134
小松菜のりサラダ……139
小松菜のかにあんかけ……139
アスパラガスの豚チーズ巻き……146
ブロッコリーのココット焼き……147
ブロッコリーの豆腐サラダ……147
四川風サラダ……151
コーンスープ……155
おくらキムチ納豆……159
ブルーベリーレアチーズ……167
黒糖ナッツ……181
アーモンドのサラダ……181

---

さけのたたき……68
さけのクリーム煮……68
さけときのこのしょうゆ炒め……69
さけ南蛮……69
まぐろ納豆……71
まぐろの角煮……71
まぐろのソテーせん切り野菜のせ……72
まぐろステーキポン酢ソース……72
まぐろユッケ……73
まぐろのにんにく炒め……73
あじのチーズ蒸し焼き……74
あじのおろし和え……75
あじの梅煮……75
さんまのなめろう……77
さんまごはん……77
しめさば……78
焼きさばのねぎダレかけ……78
いわしのスタミナたたき……79
たらのピカタ……80
たらのチーズフライ……81
たらおろし汁……81
ししゃもフライ……82
いかの塩辛……83
たこと水菜の梅しそ……84
えび入りギョウザ……85
うなたま……87
かきフライ……88
ほたてシチュー……89
あさりの酒蒸し……90
しじみのスタミナスープ……91
ツナとマカロニのサラダ……97

---

おろしたまねぎのしょうが焼き……131
たまねぎとツナのサラダ……131
たまねぎのカレースープ……132
しょうがカレー……138
小松菜のりサラダ……139
小松菜のかにあんかけ……139
冷や奴 ねぎたたきのせ……140
ちぢみ……141
にんにくのホイル焼き……143
ポタージュスープ……145
ポテト入りお好み焼き……145
アスパラガスの豚チーズ巻き……146
ブロッコリーのココット焼き……147
ブロッコリーの豆腐サラダ……147
だいこんステーキ……150
おろし煮……151
パプリカとチキンのサラダ……153
きゅうりと豆腐のサラダ……154
コーンスープ……155
長いもの麻婆風……156
冷や汁……158
おくらキムチ納豆……159
おくらのトマト煮……159
きのこのホイル焼き……160
キムチ味噌汁……162
ブルーベリーレアチーズ……167
いちごプリン……168
バナナジュース……169
アボカドと生ハムのマリネ……172
グレープフルーツのカルパッチョ……174
豚のごまづけ焼き……180

## 著者略歴

### 川端理香　かわばた りか

管理栄養士。元日本オリンピック委員会強化スタッフ。アテネオリンピックでは、ビクトリープロジェクトチーフ管理栄養士として、全日本女子バレーボールチームや、水泳の北島康介選手を、北京オリンピックでは、全日本男子バレーボールチームをサポート。東京ヴェルディ、浦和レッズ、ベガルタ仙台、豊田合成トルフェルサなどのチームや、現在はサッカー日本代表・齋藤学選手や横浜 F・マリノスの富澤清太郎選手、飯倉大樹選手などの個人サポートを行う。講演・雑誌などでも活躍中。著書、監修書に『10 代スポーツ選手の栄養と食事』『サッカー選手の栄養と食事』（大泉書店）などがある。


## STAFF

| | |
|---|---|
| 料理制作・栄養価計算 | 川端理香 |
| 料理制作アシスタント | 川端利枝 |
| 盛り付け・フードスタイリング | 黒瀬佐紀子 |
| 撮影 | 奥村暢欣（スタジオダンク） |
| 本文デザイン | 西 由希子（スタジオダンク） |
| 本文イラスト | 二平瑞樹 |
| 編集協力 | 伊達砂丘（スタジオポルト）、上村絵美、三橋利江 |

**10代スポーツ選手の食材事典**

2014 年 7 月 20 日　初版発行

著　者　川端理香

発行者　佐藤龍夫

発　行　株式会社大泉書店

〒162-0805　東京都新宿区矢来町 27

TEL：03-3260-4001（代） FAX：03-3260-4074

振替　00140-7-1742

印刷・製本　凸版印刷株式会社





URL http://www.oizumishoten.co.jp/

ISBN978- 4-278-04920-6　C0075